김 형 석

2022. 6

고독이라는 병

일러두기

이 책은 1960년에 동양출판사에서 간행한 원고를 토대로 편집한 것으로,
글의 시점은 1960년 초판 당시 그대로 두었고, 맞춤법과 일부 표현은 현재에 맞게 다듬었다.

우리 시대의 영원한 스승 _ 김형석 교수의 명고전

고독이라는 병

지은이 | 김형석
초판 발행 | 2022. 7. 6.
등록번호 | 제1999-000032호
등록된 곳 | 서울특별시 용산구 서빙고로65길 38
펴낸곳 | 비전과리더십
영업부 | 2078-3352   FAX | 080-749-3705
출판부 | 2078-3331

책값은 뒤표지에 있습니다.
ISBN 979-11-86245-43-9 03190

독자의 의견을 기다립니다.
tpress@duranno.com   www.duranno.com

비전과리더십은 두란노서원의 일반서 브랜드입니다.

우리 시대의 영원한 스승 _____ 김형석 교수의 명고전

고독이라는 병

김
형
석

지
음

비전과리더십

한때 나는 자유로운 지성인으로 살고 싶다고 생각했다. 그러나 세월이 지나는 동안 자아를 상실한 군중 속에 외로이 서 있는 스스로를 발견하게 되었다. '군중 속의 고독'이라는 사회 현상이 나를 두고 하는 말 같았다.

나 자신이 고독에서 벗어나고 싶었던 것 같다. 그래서 많은 사람과 소통하기 시작했다. 그 한 방법이 글을 쓰는 일이었다. 어떤 것은 나 자신과의 대화이기도 했다. 우리 모두가 안고 있는 삶의 이야기가 출발과 내용이 되었다.

그래서 쉽고 정감 있게 썼던 이야기들이 수필이 되었던 것이다. 이야기가 있는 수상(隨想)이라고 해도 좋을지 모르겠다. 가벼운 철학적 내용을 다룬 선진 사회의 대표적 에세이들을 흉내 낼 자신은 없었다. 생각이 있는 주변 사람들과 정이 통하는 이야기라면 좋을 것 같았다.

||||||||||||||||||||

그렇게 써 두었던 것들이 모여 《고독이라는 병》으로 태어났고 그 반응이 의외로 폭넓은 울림을 일으켰다. 많은 독자의 공감을 얻었는가 하면 사람들에게 대화의 장을 제공하기도 했다. 비슷한 책이 드물었던 때였고, 문단과 독서계에 수상 성격을 지닌 수필이 적거나 아직 나타나기 전이어서 그랬을지도 모른다.

글을 쓴 나는 부끄럽게도 내 본분을 벗어나 수필작가로 알려지기 시작했다. 그러나 학문을 하는 것이 나를 떠나 객관적 사유와 논리에 몰입하는 작업인 데 비해 인생의 이야기를 집필해 가는 작업은 나 자신의 정서를 여유롭고 살찌게 해 줬다. 사색하는 나보다는 삶의 정과 사랑을 쌓아 가는 일이기도 해서 시간 나는 대로 계속해 온 셈이다.

논문을 읽고 눈물을 흘리는 사람은 없다. 그러나 문학작품을 읽다가 눈물을 떨구는 사람은 많이 있다. 나 자신이 그랬다.

학문하는 동료들의 비판도 있었고, 애독자들의 응원도 많이 받았다. 나 자신을 고쳐야 할 것 같지는 않았다. 학문이나 예술은 자신을 위한 것이 아니기 때문이다. 또 과거의 삶과 글을 바꾸거나 고치고 싶지도 않다. 과거가 있었기에 미래를 찾아 가는 것이 삶의 기록이니까. 바쁘게 어디론가 달려가는 군중 속에 이런 이야기들도 있었다는 마음으로 읽어 주기 바란다.

62년 전 일이다. 출판사에서 이 책을 받아 들고는 일 년 동안 미국으로 떠났다. 혼자 읽으면서 고독한 영혼을 위로받고 싶었던 것 같다. 하버드대학에 머물 때였다. 서울대학 한우근 교수가 읽어 보겠다면서 빌려 간 적이 있다. 다음 날 새벽 4시쯤에 전화를 걸어 왔다. "나 어젯밤 아파서 밤을 꼬박 새웠어! 김 교수가 빌려 준 《고독이라는 병》을 앓았다니까…"라면서 "이제야 읽기를 끝냈으니 자야겠는데 잠이 올지 모르겠다"고 한 이야기가 떠오른다. 한 교수가 우리 곁을 떠난 지도 20년이 되었다.

지금은 내 나이 100세가 넘었다. 내 인생을 접어야 할 때가 되었다. 주변 사람들이 떠나가는 것이 아니고, 내가 모든 것을 뒤로하고 떠날 준비를 한다. 나 혼자의 길을 떠나야 한다. 시간은 끝나지만 영원이 있고, 힘든 여정이었으나 사랑이 있었기에 '고아'가 아니라는 다짐을 한다.

2022년 6월에
김형석

목차

1부

인생

인생의 길

··· 때로는 기쁨을 안고
때로는 슬픔을 맛보며

우리는 때때로 자신이 가장 어렸을 때의 일들을 기억의 안개 속에서 더듬어볼 때가 있다. 문호 톨스토이는 두 살 때 어머니의 포근한 젖가슴에 안겨 달콤한 젖을 빨던 기억을 말한 바 있다. 좋은 기억력 덕분인지, 아니면 지나치게 깊은 상상력 덕분인지는 알 수 없으나, 하여튼 그에게 일생의 꿈은 그때부터 시작된 것임에는 틀림없다.

나도 이따금 지난 기억을 더듬어 본다. 기억 속 가장 어린 시절을 회상하다 보면 다음과 같은 사실이 안개처럼 어렴풋이 떠오를 때가 있다.

내 몸이 중심을 잃고 과도하게 흔들리면 나는 눈을 떠 봤다. 그러면 나는 여전히 어머니의 품안에 안겨 있었다. 내 오른쪽 뒷자리에는 아버지께서 멍하니 앉아 계셨다. 아버지는 안경을 꼈기 때문에 조는지 눈을 감고 있는지 알 수 없었다. 앞을 보면 바위와 소나무들이 어지럽게 무늬를 놓은 산이 높고 청청하게 가로막고 앉아 있었다. 그 밑에는 큰 바위들이 굴러가다 멎은 듯 서 있고, 냇물 흐르는 소리가 시끄럽게 들려 왔다. 나는 다시 눈을 감았다. 몹시 흔들려 눈을 뜨고 보면 아버지와 어머니는 여전히 말이 없고 앞에는 넘실거리는 소의 등이 권태로운 듯 흔들리고 있었다. 시간은 오후였던 것으로 기억한다.

나는 오랫동안 이 장면이 어떤 상황인지 몰랐다. 어디서 본 그림 같기도 하고 누구에게 들은 얘기 같기도 했다. 그러다 몇 해 전에 나는 어머니로부터 한 이야기를 듣게 되었다. 내가 다섯 살 되던 해에 먼 북쪽 산골에 살던 부모님은 생계를 유지하기 어려워서 삶의 터전을 옮기게 되었다는 이야기였다. 교통이 불편하던 시절이었다. 부모님은 산비탈길을 소달구지를 타고 이동했다고 했다.

생각해 보니 내 기억 속의 장면들은, 두서너 개의 보따리 살림에 희망을 잃은 두 부부를 태운 소달구지가 북쪽 비탈길을 굴러 내려오던 상황이었다. 그 어머니 품안에 안겼던 아이는 당연히 나였다. 그것이 그대로 머리에 떠오른 것이었다.

그때 가져온 이삿짐은 없어진 지 오래나 검고 커다란 널판만은 내가 대학에 가던 해까지 아버지가 보관해 두셨던 것이 생각난다.

이렇게 보면 나의 일생은 길 위에서 시작되고 길 위에서 발견된 것 같이 느껴지기도 한다.

그 뒤에 그 길은 산으로 둘러막힌 작은 고향 마을로 연장되었다. 나는 스무 살이 다 되기까지 그 아담한 시골에서 산모퉁이의 들풀처럼 뻐꾸기와 기러기의 소리와 더불어 자랐다.

중학을 마친 다음 해 봄, 젊으나 약하고 가냘픈 내 가슴속에는 새로운 희망과 결심이 하나 생겼다. 오막살이 우리 집에서 보이는 산길 밑에는 기와집 교회가 있었고, 그 꼭대기 오른쪽에는 늙은 소나무들이 우거져 있었는데, 그 길을 넘어서 유학의 길을 떠나자는 꿈이었다. 마침내 때는 오고야 말았다. 새 양복 한 벌에 트렁크를 든 젊은이는 몇몇 마을 사람들이 마음으로 보내는 전송을 받으며 그 길을 넘었다.

그 길은 그대로 연장되어 평양으로, 서울로, 부산으로, 그리고 외국으로 이어졌다. 여러 해 동안 나는 외국의 거리 거리를 걸었다. 때로는 기쁨을 안고 때로는 슬픔을 맛보며 살았다. 몇 해 뒤 고국의 길을 걷고 있는 동안에 해방을 맞이했다. 2년 후, 나의 그 길은 삼팔선을 넘는 모험과 뼈저린 슬픔의 길로도 변했다.

가까스로 정신의 안정을 찾으려 할 즈음에는 6·25전쟁이 나를 부산 피난길로 이끌었다. 지금도 부산의 바닷가 골목들을 얼마나 걸어 다녔는지 잊히지 않는다. 그러나 그 길은 그대로 연장되어 환도의 길이 되고 오늘은 매일같이 서울을 중심으로 학교 문을 드나

드는 길이 되었다.

지금은 토요일 오전. 좁은 방 내 책상에서 펜을 들고 앉았으나 잠시 후 내 삶의 길은 다시 계속 이어질 것이다.

··· 인생의 수많은
갈림길에서

이렇게 생각하다 보면 자연히 '나는 앞으로 어떤 길을 어떻게 걷다가 어떤 길 위에서 내 삶을 끝낼 것인가?'라는 고민에 빠지게 된다. 아직도 나에게는 걷고 싶은 많은 길이 있다. 그러나 반대로 걸어서는 안 되며, 걷고 싶지도 않은 길들이 수없이 많다.

나의 생은 어느 길을 걷는 동안에 끝날 것인가? 인간의 육체만 눈에 보이는 길을 걷는 것이 아니다. 인간의 정신도 마음의 길을 걷는다. 그러기에 그가 걷는 길을 보면 그를 알 수 있다는 말은 옳다. 상인은 상인의 길을, 군인은 군인의 길을, 학자는 학자의 길을 걷는다.

이렇게 본다면 모든 사람은 길을 가고 있으며 누구에게나 각각 자기의 길이 있는 법이다. 그러나 여기에 커다란 문제가 놓여 있다. 그것은 '무엇이 진정한 인생의 길이며 어떻게 참다운 생의 길을 발견할 수 있는가' 하는 것이다. 공자는 "아침에 길을 알 수 있다면 저녁에 죽어도 한이 없다"고 말하지 않았는가. 한때 젊은이들의 사표인 듯이 존경을 받았던 톨스토이도 인생의 서글픈 방랑과 고민의 길에서 쓸쓸히 세상을 떠났다.

만인은 각자 자기의 길을 걷고 있으나 사실은 신념도 없는 길을 걷고 있을지도 모른다. 우리는 때때로 삶과 죽음, 영광과 치욕, 성공과 실패, 허무와 환희, 절망과 희망의 갈림길에 서서 선택과 결단을 주저하며 괴로워하는 때가 얼마든지 있다. 지금 나의 길은 어떤 선택을 하는가에 따라서 결정된다고 할 때, 인생의 그 수많은 갈림길 앞에서 어떻게 할 것인가.

그뿐만이 아니다. 인생의 길에는 많은 동행자가 있다. 친구로서의 동행자, 가족으로서의 동행자, 같은 직장이나 사회에서의 동행자…. 그러나 그 누가 인생길의 참다운 동행자이며 일생의 반려자가 될 수 있는가. 그들은 모두 이해관계를 따지며 자기의 편리와 유익과 만족을 위하여 그때 그때 나를 이용하고 나를 도움의 대상으로 삼고자 하는 것이 아닐까. 내가 인생의 석양을 맞을 때 과연 누가 그때까지 나와 동행할 것이며 내 삶의 반려자가 될 수 있겠는가. 나는 인생의 길을 누구와 더불어 걸어야 하는가.

그러나 그것으로 끝나는 것도 아니다. 우리의 인생길에는 상상도 못했던 험한 산과 예측할 수 없는 넓은 바다에 가로막히는 일이 숱하다. 그때 우리는 누구에게 도움을 구하며 어디 가서 구원을 청할 수 있을까.

　땅 위의 길을 가는 모든 사람에게는 떠나온 목적과 이유가 있다. 그러나 누구도 인생의 길을 떠난 우리에게 그 출발의 목적과 삶의 이유를 말해 준 바 있는가. 그럼에도 불구하고 인생의 길을 걸어야 하는 것이 우리의 운명이며 인생 그 자체가 아닌가. 그래서 사람들은 인생의 길을 여러 사람에게 물었다. 그 해답을 위해 예술이, 철학이, 종교가 나타났다. 그러나 오늘 우리는 여전히 묻고 있다. '인생의 길은 무엇이며 장차 어떻게 되는 것인가'라고. '죽음이 인생길의 끝인가'라고. '민족과 인류는 어떠한 방향과 이념을 가져야 하는가'라고.

　모든 인간은 이렇게 묻는 과정 중에, 또 찾아가는 도중에 자신의 인생길을 끝낸다. 나는 앞으로 어떠한 길을 택하여 인생의 참됨을 얻을 것인가.

　그리스도는 일찍이 그 길을 묻는 제자들에게 '내가 곧 길'이라고 말씀하셨다. 우리 인간이 그의 말씀을 참으로 이해할 수만 있다면 얼마나 좋으랴.

직업 선생과 인간 선생

··· 직업의
두루마기를 벗고

지난해 늦은 여름, 몇 분 안 되는 은사들을 모시고 야외에서 중학교 동창회를 가졌다. 군인 장교가 대여섯 명, 관공리가 두세 명, 의사가 세 명, 선생이 대여섯 명 정도 모였다. 노경(老境)에 이른 은사들을 중심으로 재학 당시의 회상담들이 끝날 줄을 몰랐다.

그러나 이상한 건, 같은 교실 한 자리에서 공부했는데도 20년이 지난 현재는 동창들 모두 공통점이 전혀 없는 사람들로 변해 버린 것이다. 서로 즐겁고 기쁘기는 이를 데 없었으나 재학 시절의 얘기를 제외하고는 공통 화제를 발견하기 힘들 정도로 생활 환경과 분위기가 바뀌어 있었다.

무엇이 우리를 이렇게 공감하기 어려운, 이제는 한자리에 같이 앉기가 어색할 정도의 관계로 만들어 놓았을까? 역시 직업이었다. 물론 여러 다른 이유가 있는 것은 사실이나 한마디로 각자의 직업이 각각의 인간성을 바꾸어 버린 것은 분명했다. 이렇게 생각하니 우리의 젊음과 인간미를 빼앗아 간 각자의 직업이 미워졌다.

20년 동안에 A는 군인이 되어 있었고, B는 실업인으로 변해 있었다. C는 의사가 되어 버렸고, 나와 몇 친구는 고리타분한 선생이 되어 있었다. 사람과 젊음은 다 어디로 가고 직업인과 직업인이 마주 앉아 웃고 있었다. 좀 더 솔직히 말하면 직업과 직업이 떠드는 것 같았다.

나는 그런 기분을 느끼며 나와 같은 직업을 가진 몇몇 친구들과 다른 직업을 택한 동창들을 슬그머니 비교해 보기 시작했다. 그것이 곧 이 사회 안에서의 나 자신을 확인해 보는 것 같았기 때문이다.

그러나 한 시간쯤 지난 뒤 무척 쓸쓸해지는 나 자신을 발견하고야 말았다. 재학 시절에는 비교적 얌전하고 성적이 좋았던 친구들이, 지금은 선생이라는 가장 초라한 직업을 갖고 앉아 있는 것처럼 보였기 때문이다.

나는 속으로 다음과 같은 형용사들을 붙여 보았다. 너무 가난해서 몇 푼 안 되는 돈을 내놓는 데에도 겁을 집어먹어야 하는 인간들, 누구보다도 옹졸해서 남의 기분과 감정을 용납할 줄 모르는 위인들, 언제나 학생들에게 가르치는 버릇이 뼛속 깊이 배어서 사회에서도 가르쳐야 한다는 케케묵은 관습을 버리지 못하는 인물들,

경제력도 생활력도 없으면서 도사리고 앉아 허세를 부려야만 마음이 가라앉는 자기 과시의 인간상들, 사회가 부패했다고 비판하면서 개선할 능력은 전혀 없는 위선자들, 언제나 교육자라는 잠재의식 때문에 크게 웃지도 마음 놓고 울지도 못하는 열정 없는 인간들, 현실과 사회는 아무것도 모르면서 모든 것을 아는 듯 자부해야 하는 직업인. 나는 더 이상 생각하기가 싫어졌다. 다른 동창들 사이에 섞여 있는 우리 선생들의 모습이 너무나 초라하게 느껴졌기 때문이다.

게다가 다른 친구들과 잘 어울릴 줄도 몰라 자기네들끼리 모여 앉아 답답한 학교 얘기를 하고 있는 꼴은 더욱 보기가 싫었다. 누군가에게서 들은 "선생 10년 해 먹었으면 알만 하지" 하던 말이 머릿속에 떠올랐다. 모든 직업이 싫어졌던 나에게 선생은 한층 더 따분한 직업으로 느껴졌다.

민족의 장래를 위한다든가 내일의 일꾼을 기른다는 자존심은 선생들이 늘 자위하는 말이다. 진리와 학문을 위해 산다는 신념도 그 하나다. 실업인들의 활동이 얼마나 많은 민생문제를 해결하고 있으며, 의사들의 손이 얼마나 많은 생명을 다루고 있는가. 선생들만 성직(聖職)일 수는 없다.

얼마 전 언론계에 있는 졸업생을 통해 들었던 말이 생각났다.

"사회생활을 좀 해보니까 제일 직업적인 냄새를 많이 피우는 사람들이 경찰과 선생인 것 같아요. 어떻게 보면 선생님들이 더 불쌍해 보이기도 하고요."

정말이지 직업화된 선생을 남편으로 둔 주부, 선생을 아버지로 섬겨야 하는 자녀들은 불행할 것 같기도 하다. 평생을 가난과 훈계 속에서 살아야 할 것이기 때문이다.

한창 이런 생각에 빠져 있는데 쪽지가 왔다. 모임을 위해 얼마씩 돈을 내라는 것이다. 모두 만 환*, 5천 환, 적게는 3천 환을 냈다. 내 생각 같아서는 2천 환만 냈으면 좋겠는데 지금까지의 체면을 생각해서라도 쪽지에 그보다 적은 금액을 적을 수는 없었다. 나는 눈을 들어 같은 직업에 종사하는 동료 친구들을 둘러보았다. 그런데 다른 친구들은 와자지껄 떠드는데 '선생님'들은 모두 내가 받아들고 걱정하고 있는 쪽지를 주목하고 있지 않은가! 어지간히 걱정이 되었던 것이다. 나는 속으로 결심했다. 언제까지나 따분한 직업의식에 붙들려 있을 수는 없다. 그리고 쪽지에 '5천 환'을 적었다. 5천 환이 며칠 동안 근심거리가 되더라도 우선 오늘은 직업의 두루마기를 벗어야 할 것 같았다.

상당히 긴 시간 동안 우리는 옛정을 나눈 뒤, 은사들을 모셔다 드리고는 제각기 헤어졌다. 같은 차에 탔던 K형이 "H형, 우리 어디

---

* 환(圜)은 1953년 2월 17일부터 1962년 6월 9일까지 사용되던 대한민국의 통화 단위다. 한국전쟁의 여파로 산업활동이 크게 위축되고 물가가 급등하는 등 경제가 큰 혼란에 빠짐에 따라 이를 타개하기 위해 1953년 2월 15일 화폐단위를 원(圓)에서 환으로 변경(100원→1환)하는 긴급통화조치를 단행하였다. 전쟁의 시련을 극복하고 물가가 안정되고 산업활동도 정상화됨에 따라 한국은행은 1959년 화폐체계를 정비하고 화폐제조비 절감 및 소액거래의 편의를 도모하기 위해 100환화, 50환화 및 10환화 등 3종의 주화를 최초로 발행하였다. 1962년에 실시된 화폐 개혁에 따라 원으로 대체되었으며 교환 비율은 10:1이었다.

앉아 얘기나 하고 헤어집시다"라며 나를 붙들었다. 역시 같은 직업을 가진 친구였다. K형은 나에게 이런 얘기를 했다.

며칠 전 K가 시간이 좀 있기에 다방에 갔더니 저편 구석에 S대학의 P교수가 젊은 여성과 마주 앉아 있더라는 것이다. 문제는 조용한 자리를 얻어 책이라도 잠깐 들춰 보고 싶었기에 찾아가 앉은 곳이 바로 P교수의 옆자리였다. K를 본 P교수는 무척 당황한 듯 얼굴이 뻘개지면서 "아, K선생 아니세요?" 하고 인사를 하는데, 어쩔 줄을 모르고 쩔쩔매더라는 것이었다. K는 마흔두셋이 넘은 P교수가 약혼했다는 말을 들었으나 혹시나 싶어 "오래간만입니다. 동행이 없으시면 얘기라도 좀 하고 싶었는데…"라고 했더니, 더욱 당황한 P교수가 "아니 뭐, 대단한 동행은 아니고…, 그럼 인사를 해야겠군…" 하더니 약혼한 사람이라고 겨우 소개하더라는 것이다. 더 걸작인 것은 얼마 뒤 P교수는 그 여자를 먼저 보내고 잠시 떨어져서 "K선생, 오늘은 꼬리가 길어서 들켰는데 친구들한테 소문 내지 말아주십시오. 미안합니다…" 하고 얼굴을 붉히며 나갔다는 얘기였다.

나는 K형과 한참을 웃었다. 부모 없이 두 동생을 기르고 성가(成家)시킨 뒤 느지막이 결혼을 하게 되면서 여러 번 친구들의 웃음거리가 된 P교수였다.

5년 전쯤에는 어떤 여의사와 약혼 말도 있었다. 조용한 방에서 맞선 보는 기회를 만들어 주었는데, P교수는 얼굴도 들지 못하고 손수건으로 땀만 닦고 있었다는 얘기를 들었다. 선자리가 끝난 뒤 친구들이 "그게 뭐야? 그래, 얼굴을 보기나 했어?"라고 물었더니 "못 봤어. 얼굴을 들 수 없는 걸 어떡해…" 하며 한숨을 쉬었더란다.

"그 여의사는 답답한 P교수를 보고 웃으며 갔을걸요."

내가 이런 얘기를 덧붙였더니 K형의 말이 걸작이었다.

"그 양반이 학생과장을 할 때는 여학생들한테도 땅땅 구르더니 선생의 감투를 벗고 여자를 대하니 꼼짝 못 하겠던 모양이지? 맞아, 그것이 인간이거든…."

그렇다. 그것이 인간이다. 선생보다 귀한 인간인 것이다.

··· 본연의 인간성에 대한
그리움

어떤 책에서 읽었던 얘기다. 스페인 출신의 미국 철학자 조지 산타야나 교수가 하버드대학에서 정년퇴임을 앞둔 어느 봄날 마지막 강의를 하게 되었다. 예술 방면에도 조예가 깊었던 그가 강의실에서 열심히 강의를 하다가는 문득 무슨 생각이 들었는지 강의를 중단하고 한참 창밖으로 교정을 내려다보더니 가방과 노트를 집어들고 그냥 밖으로 총총히 나가 버린 것이다. 문가에 앉았던 한 학생이 "선생님, 강의를 끝내시는 겁니까?"라고 묻자, 그가 대답했다.

"아, 나는 지금 4월을 맞이하러 나가는 길입니다!"

　우리는 알지 못한다. 늙은 교수의 심중에 가득 찼던, 그 해 4월을 맞이하고 싶었던 감회를. 나는 지금 산타야나 교수의 그 마음을 짐작해 본다. 강의와 저술로 모든 것을 잊고 있다가 교정에 담뿍 깃들인 4월의 정취에 이끌려 나간 그를. 나는 거기에서 직업으로서의 선생이 아닌 인간으로서의 교수를 보았다.

　우리는 때때로 이름 모를 고독에 붙잡히곤 한다. 이러한 고독은 그 어떤 사람을 만나서 풀고 싶은 고독이다. 그러나 더욱 불행한 사실은 그때 찾아가고 싶은 사람이 없다는 쓸쓸함이다. 찾아가고 싶은 사람들은 모두가 직업화된 사람들이기 때문이다. 게다가 그들에게서 또 들어야 하는 정치·사회·교육·문학·학문들이 우리의 피곤한 심정을 풀어 줄 수도 없을뿐더러 더 복잡하게 만들기 때문이다. 직업화되지 않은 인간, 본래의 인간, 모든 직업의식을 깊이 숨겨 보이지 않을 정도로 원만해지고 풍부해진 인간이 참으로 그립다.

　때때로 이러한 기대를 채워 보기 위해 예술인이나 종교가를 찾아보기도 한다. 그들에게는 어느 누구보다 풍족하고 솔직한 인간성이 그대로 남아 있지 않을까 싶어서다. 그러나 최근에는 그마저도 내려놓았다. 예술인들만큼 파쟁을 일삼는 이들이 없고 종교인들만큼 좁고 독선적인 태도를 가진 이들이 없어서다. 그들에게서도 직업화가 강화된 것은 어쩔 수가 없다.

　게다가 요즘에는 직장의 직업의식이 그대로 가정과 사회에까지 연장되기 일쑤다. 국장의 부인과 자녀들은 그대로 국장의 대우를 받고, 과장의 부인과 자녀들은 그대로 과장의 행세를 해야 한다. 이 얼마나 답답하고 기막힌 세상인가.

참으로 인간다운, 자유롭고 초탈한 본연의 인간성이 그립다. 어떠한 직업이든 관계 없이 인간성을 그대로 지니고 있는 인간이 얼마나 그리운지 모른다. 심지어 먼 옛날 인간이 땅 위에 살기 시작했던 그때의 인간성이 그리워질 정도다.

만일 이렇게 고귀한 인간성을 그대로 지닐 수 있다면 직업이 무엇이든 만족할 수 있을 것이다. 그리고 이러한 인간성의 해방과 인격의 완성을 위한 길이 교육이라면 평생 선생으로 머문다 해도 거리낄 이유가 없을 것이다. 사회의 정신적인 미화, 마음의 순화는 이로부터 주어지기 때문이다. 가능하다면 직업적인 선생보다 인간적인 선생이 되고 싶다.

길과 구름과 실존

··· 무턱대고 끝없이
걸어 보고 싶은 충동

하늘에는 구름이 흐르고
땅에는 길이 깔려 있고
내 마음에는 사색이 계속되고···.

    내가 매일 오후마다 갖는 산책 때의 모습이다. 나는 어려서부터 길을 많이 걸어야 했고 또 걷기를 즐겼다. 초등학교 5, 6학년 때는 10리나 되는 산길과 들길을 걸었고, 중학교 시절에는 20리가 넘는 먼 거리를 통학했다.
    나는 느끼는 갈대처럼 모든 꿈을 그 길 위에 뿌려 놓았고 앞으로 찾아올 생의 파노라마를 무수히 그렸다가 지우곤 했다. 그때부터 나는 산길을 좋아하고 자연을 필요로 하는 습관을 갖게 되었다.

부산 피난살이 때는 바닷가 바위틈 돌밭 길에서 잊을 수 없는 인상을 받았고, 서울 삼청동 뒷산 길의 아침 안개는 내 파란 많은 인생의 고요한 보금자리가 되었다. 지금도 나는 고개를 넘으면 또 고개, 고갯마루에 올라서면 또 굽이도는 산길을 무턱대고 끝없이 걸어 보고 싶은 충동을 느낀다. 참으로 돌고 또 돌고, 넘고 또 넘는 산길은 끝없이 우리를 부르고 매혹과 애착, 기대와 불안을 동시에 가져다 주곤 한다.

그러다 지난봄 신촌으로 이사 온 후 나만 아는 숨겨진 즐거움이 하나 생겼다. 그것은 아무도 모르는 즐거움이자 우거진 숲, 돌들이 앙상히 드러난 산길, 파란 하늘에 흘러가는 구름들만 아는 즐거움이다. 곧 나는 신촌의 자연을 아끼고 사랑하게 되었고 도회지에서는 소유할 수 없는 푸른 하늘과 밤 달빛을 내 것으로 하였다.

지난여름 친구들에게 신촌은 하늘이 보여서 좋다고 말했더니 그들은 내가 거짓말을 하는 것 같았는지 웃고만 있었다. 그러나 도심지의 인조 세계에 갇혀 사는 그들이 어떻게 하늘과 구름을 소유할 수 있겠는가. 연기 자욱한 다방에서 문명의 노예들과 마주 앉는 것밖에 할 수 있는 것이 무엇이 있겠는가. 빗방울 떨어지는 아침이면 우산을 소지할지 여부나 알기 위하여 잠시 기계적으로 하늘을 쳐다볼 뿐 도대체 도회인들이란 위를 보고 살 필요를 느끼지도 못한다.

세상은 질서가 있고 생활에는 배움이 있듯이 산책에도 윤리가 있다. 아침 산책은 마음의 그릇을 준비하고 육체의 건강을 촉진시키며, 저녁 산책은 마음의 내용을 정리하게 돕고 육체의 휴양을 채워 준다. 사색을 위해 오전이나 오후의 볕과 함께 걷는 길에는 만족이 있다. 석양을 받으며 떠나서 황혼에 돌아오는 산책도 자연을 감상하기에 흡족하다. 안개 속 소나무 사이로 흘러드는 아침 볕과 저녁의 황혼, 산밑이 온통 그림자로 채워지는 부드러운 적막 속에 잠겨 보는 심정, 모두가 얼마나 아름다운 정서인가?

사람들은 바빠서 산책할 여유가 없다고 말한다. 일생 동안 마음이 바쁜 사람은 큰일을 남겨 놓지 못하는 법이다. 그런 의미에서 동중정정중동*은 귀한 교훈이다.

··· 빈 마음에
빈 하늘 담기

나는 봉원사 앞 화장터 맞은편 산길을 골라 연세대 뒷산 중턱을 끼고 도는 코스를 택한다. 여러 해 전에는 내 키보다 낮았던 소나무

---

* 동중정정중동(動中靜靜中動)은 평온하고 한가할 때는 불시에 닥쳐올지도 모를 급변에 대비하고, 바쁠 때는 차분하게 마음을 가다듬어야 한다는뜻이다.

들이 이제는 내 키의 배나 자랐다. 혼자 걷는 산길은 끝없이 고요하고 아늑하다. 이따금 새소리가 들려오고 여름 장마 때면 샘물이 흐르는 소리도 들려온다. 생각에 잠기고 문제들이 꼬리를 물고 찾아들면 나도 모르는 사이에 '목적지'가 아닌 '종점'에 도달한다.

산책을 위한 산책은 목적지가 없고 사학자 같은 관찰도 필요 없다. 산이면 어떤 산이든 좋고, 이름을 모르는 산이면 더욱 좋다.

구태여 꽃 이름을 묻지 않고 어떤 새의 노래인지 구별하지 않는다. 그렇게 종점에 도달하면 나는 나무가 없는 잔디밭에 눕곤 한다. 지금까지는 길이 내 발을 이끌어 주었으나 이제는 하늘과 구름이 내 마음을 평화로 이끌어 간다. 그 빈 마음에 빈 하늘을 담는다. 시선은 하늘 끝까지를 바라본다. 구름은 빈 하늘에 손님인 양 움직이고 용모를 바꾸며 흘러간다.

검은 연기가 오른쪽 굴뚝에서 솟아오른다. 홍제원 화장터에서 오늘도 또 하나의 육체가 재로 화하고 있는 것이다. 아까 산책을 떠날 때는 신촌 화장터 굴뚝에도 연기가 오르고 있었다. 이렇게 날이 저물었는데 그들의 넋은 어디로 가는 것일까?

나는 연기를 보며 이런 생각에 잠긴다. 내가 산책을 떠날 때는 신촌 화장터에서 한 육체가 사라지고 있었다. 그리고 내 산책의 마지막 길인 지금 여기에 와 보니 또 하나의 생명이 사라지고 있다. 결국은 처음과 마지막이 동일한데 내 주관만 다른 건지 모른다. 시간은 영원하고 인간은 그 영원의 바닷가에서 소꿉놀이만 하다 사라진다면 거기에 무슨 시종(始終)이 있으며 성패가 있고, 행(幸)과 고(苦)가 있겠는가.

본래가 무한 속에 유한이란 있을 수 없는 법이며 시간과 영원은 차원이 다른 것이다. 그러나 지금까지 나는 두 화장터의 사라지는 생명, 육체들을 남의 것으로 보았고 객관적인 사실로 돌렸다. 그러나 그것이 나의 현실이라 생각하면 문제는 달라진다.

생의 애착보다 생의 완성욕, 죽음의 공포보다 현실의 주체아(主體我)로 설 때 비로소 하나의 자아실존을 발견하게 된다. 나는 신촌 화장터의 죽음을 무시하고 죽음의 허무를 박차고 생의 줄을 타고 떠났다. 안심과 소망과 기대가 있었다. 그 화장터가 멀어질수록 마음의 만족이 찾아왔다. 그러나 새로운 문제가 나타났다. 또 하나의 화장터가 기다리고 있는 것이다. 거기에도 비존재에의 가능성, 생의 공허가 있을 뿐이다.

결국 내 생(生)은 줄타기를 하고 있는 것일지 모른다. 앞으로 가려면 공허 위에 매달려 있는 줄이기에 불안하고 뒤로 돌아서려면 마찬가지의 공허가 있다. 그대로 머물러 있자니 아래로 떨어질까 두려워진다. 오히려 다행스러운 것은 내가 사색에 잠겨 앞뒤도 모른 채 살아 왔다는 것, 앞을 보지도 않고 생각에 몰두했다는 것이다.

그러나 모든 인간은 내 산책과 같은 생을 그대로 가지고 살아가지 않는가. 그러면서 정치를 떠들고 예술을 논하고 학문을 주장하고 돈을 벌고 삶을 즐기고 더군다나 생을 연구한다. 그러는 사이에 인생의 산책은 목적지가 아닌 종점에 도달하고야 마는 것이다.

여기에 20세기 사르트르의 실존철학은 먼 옛날 석가세존이 젊을 때 했던 생각의 한 갈래에 지나지 못하며, 나사렛 목수였던 예수가 가리키는 손끝을 세상 사람들이 부정하지 못하고 바라보는 이유가 성립되는 것이 아닐까.

지금도 모르는 일

벌써 10여 년이 지난 옛날이야기다. 저녁 늦게야 겨우 회의를 끝낸 나와 일행은 과장이 저녁을 대접한다고 해서 솟구쳐 오르는 식욕에 용기를 얻어 ○○원이라는 음식점으로 발걸음을 옮겼다.

그 무렵 나는 젊은 나이에 어울리지 않는 청탁을 받아 시민들의 사상적 지도를 돕는다는 명목 아래 서울시의 ○○과에 협조하는 어떤 위원회에 참여하고 있었다. 별로 대수로운 일은 아니었으나 일주일에 한 번은 그 회의에 참석해야 하는 의무가 있었다.

거리에는 어느덧 어둠이 찾아들고, 전등 불빛 아래 긴 그림자들이 바쁘게 움직이는 때였다. 일행은 어떤 높은 양옥 앞 현관에 다다르고 이층의 아늑한 방으로 안내를 받았다.

젊은 시절을 심한 가난과 싸워 왔고 그때까지 대부분의 삶을 농촌에서 보냈던 나로서는 그렇게 훌륭한 요릿집에 초대를 받아 본 게 난생처음이었다. 이런 곳에서는 어떤 음식을 먹는지 호기심과 아울러 약간의 불안감도 없지 않았다. 남들이 하는 대로 따라하며 익숙하고 점잖은 듯이 행동할 수밖에 없었다.

모두 자리를 잡느라 서성거리고 있을 때였다. 뒤쪽 미닫이문이 슬며시 열리더니 휘황한 전등 불빛을 찬란하게 받으며 꽃같이 아름답게 단장한 여인들이 일고여덟 명 밀려 들어왔다. 한 번도 이런 자리에 와 본 적이 없을 뿐만 아니라 종교적 환경에서 자란 나는 약간 당황스러웠다.

여인들은 재빨리 모여들더니 우리의 모자와 목도리, 외투를 받아서 걸어 주기 시작했다. 나는 나도 모르는 사이에 스스로 외투를 벗어 모자와 같이 못에 걸어 버리고 말았다.

그제야 비로소 우리가 안내를 받은 방 옆에 커다란 식탁이 준비되어 있다는 것을 알았다. 모두 옆방으로 가 따뜻한 화롯불을 가운데에 두고 자리를 잡았다. 나는 속으로 공연히 왔나 싶었다. 담배도 술도 못하는데 색시들까지 있으니 어떻게 해야 하나 염려가 밀려왔다. 신문이나 잡지에서 기생이나 접대부라는 용어는 읽었으나 아직 한 번도 본 일은 없었다. 속으로 이 여자들이 기생인가보다 생각했을 뿐, 누구에게 물을 수도 없었다.

음식이 날라지고 방에 온기가 가득해지면서 여인들이 각각 손님들 사이에 자리를 잡고 앉았다. 나는 속으로 제발 내 옆에는 오지 않았으면 했다. 그러는 사이에 벌써 한 여인이 내 왼편에 와 앉으면서 가볍게 두 손을 모으고 나직이 자기 이름을 말하며 머리를 숙여 인사를 하지 않는가. 나는 당황한 나머지 인사도 제대로 못하고 앉아 맞은편 흰 벽에 걸린 그림만 쳐다보고 있었다.

과장의 간단한 인사가 끝나고 또 누군가의 답사가 있은 뒤 축배를 들었다. 나도 겨우 어떻게 흉내를 냈다. 몇 사람이 담배나 술을 권했으나 내가 안 하는 줄 안 뒤에는 강요하지 않아 비교적 자유롭게 음식을 먹을 수 있었다.

얼마의 시간이 흘렀다. 나는 여전히 여러 사람의 눈치를 봐 가며 굶주렸던 공복을 채웠다. 옆에 앉은 여인은 한두 번 담배나 술을 권하다가 내게 흥미가 없어진 모양인지 "나, 저편으로 가 앉아도 괜찮아요?"라고 물었다. 나는 그 말이 대단히 반가웠으나 "그러세요. 나는 술도 안 마시니까…"라고 우물쭈물 대답했다. 그 여인은 이 접시 저 접시에서 맛있어 보이는 음식들을 내 앞으로 날라다 주고 "곧 식사를 가져오게 해드리지요"라고 말하고는 과장 옆으로 자리를 옮겨 갔다. 잠시 후 내 앞에는 국과 밥이 차려졌고 나는 마음 놓고 실컷 먹었다. 남들이야 어떻게 보내든지 아랑곳해 무엇 하겠는가.

그런데 배불리 식사를 끝낸 뒤가 더 난처했다. 멍하니 앉아 있을 수도 없고 때때로 주고받는 이야기에 한 마디씩 가담할 뿐 점점 시간만 아깝게 느껴졌다.

··· 이름 모를
여인의 친절

   내 옆에 앉았던 여인은 전부터 과장과 안면이 두터웠던 모양인
지 웃으면서 술을 권하기도 하고 받아 마시기도 했다. 그러다가도
나의 초라한 모습을 보면 약간 가엾은 미소를 띠는 것도 같았다. 바
로 그때 과장과 나의 시선이 마주쳤다. 둘 다 웃어 버렸다. 과장은
웃으면서 "저 분한테 왜 서비스 안 하우?"라며 그 여인을 다시 나한
테로 보냈다. 나는 옆으로 다가오는 여인에게 "난 벌써 식사가 끝난
걸요" 하고 슬그머니 발뺌을 했다. 그 여인은 내 옆에 앉으면서 "선
생님 퍽 피곤하시지요? 옆방에서 좀 쉬시겠어요?"라고 물었다. "좀
그렇게 해 주세요." 나는 구원을 청하듯 대답했다.

   옆방에서 벽에 기대어 앉아 책장을 들추는 일이 훨씬 자유롭고
편안했다. 마침 읽던 문고가 있어 더욱 즐거운 몇십 분을 보냈다.

   그동안 그 여인은 과일과 홍차 같은 몇 가지 먹을 것을 가져다
주었다. 나는 속으로 퍽 친절한 사람이라고 생각했다. 또 몇십 분이
지났다. 옆방에서는 한창 웃음과 노래가 흘러나왔다. 나만 점점 저
기압으로 변하기 시작했다. 다음부터 이런 회합은 거절하리라 마음
먹었다. 그러나 다행스러운 일이 생겼다.

   친절한 여인이 또 찾아와서는 얼마나 적적하겠느냐며 손님을
이렇게 버려두는 주최 측을 나무라기라도 하는 말투로 이렇게 말

했다.

"저 과장님은 술만 하시면 언제나 저 꼴이에요. 또 회의가 있어요?"

나는 회의는 이미 끝났다고 대답했다. 그 여인은 일어서서 잠시 무언가 생각하더니 슬그머니 내 옆으로 오면서 "선생님, 먼저 가실래요?"라고 묻는다. 나는 간청하듯 "그렇게 좀 해 주세요. 저 양반들이 알면 붙들 테니까"라고 말했다. 여인은 살그머니 미닫이문을 열더니 어느 것이 내 모자, 외투, 가방이냐고 물었다. 그러고는 "잠깐만 앉아서 기다리세요"라고 말하더니 다시 옆방으로 들어갔다.

5분쯤 지났을까. 심부름하는 어린애가 방문을 열면서 "○○선생님이시죠?"라고 물었다. 그러고는 "이리로 따라 나오세요" 하더니 뒷문을 통해 아래층까지 안내해 주었다.

거기에는 그 여인이 내 모자와 외투, 가방을 들고 서 있었다. 좀 취한 듯 보이기도 했다. 외투를 받으려 했더니 자기가 굳이 입혀 준다고 했다. 나는 모자를 쓰고 가방을 들었다. 여인은 문밖까지 따라나와 자동차 문을 열었다.

"차비는 내지 마세요" 하며 나에게 속삭이더니 "이 선생님 댁까지 잘 모셔다 드리세요"라고 운전사에게 명령했다.

차는 대문 앞을 지나갔다. 나는 여인에게 모자를 벗고 인사를 했다. 여인은 허리를 약간 굽히는 듯하면서 손을 들어 두세 번 흔들었다.

대문 밖에서 좋은 자동차 소리에 놀란 아내가 이상하다는 듯이 판자 문을 열고 내다보았다. 그 차 안에서 남편인 내가 승전한 장군처럼 내리지 않았겠는가. 아내가 어찌된 셈인지 영문을 모른 채 바라보는 사이 차는 다시 돌아갔다. 해방 직후 삼팔선을 갓 넘어온 단칸 셋방에는 어린것 하나가 벌써 잠들어 있었다. 아내는 오늘 무슨 좋은 일이 있었느냐고 물었다. 나는 불쑥 "오늘 아주 좋은 요릿집에서 저녁을 먹었어. 기생이 다 있더라고…"라고 대답했다.

그 얘기를 들은 아내는 한참을 웃어 대더니 "그래 당신이 기생들하고 무슨 말을 했소? 그 장면을 좀 보았더라면 얼마나 우스울까…"라며 또 웃는다.

나는 처음부터 마지막까지를 자세히 설명해 주고 아내도 처음 얻는 지식이라 재미있어 하며 유쾌하게 들었다.

"그런데 그 자동차비는 누가 냈어요?"

"글쎄, 그 여자가 냈을까?"

"왜 자기 돈을 내겠어요."

"글쎄."

우리 둘은 또 웃었다.

"그래, 그 여자들이 진짜 기생이에요?"

아내는 또 물었다.

"글쎄, 기생인지 접대부인지 잘 모르겠어."

"무엇이 다른가요?"

"그럴 줄 알았으면 과장에게 물어볼걸 그랬지?"

"그런 망신이 어디 있어요!"

우리는 또 웃었다.

한 시간쯤 뒤였다. 마루방에서 책을 읽고 있는데 아내가 갑자기 생각난 것처럼 말했다.

"여보. 이다음에는 그런 데 가지 마세요."

"왜?"

"글쎄요!"

10여 년이 지났다. 나는 지금도 그 여인이 기생이었는지 접대부였는지 모른다. 두 직업의 차이를 누구에게 물어볼 기회를 못 가졌다. 그리고 차비를 누가 냈는지도 모른다. 대략 짐작은 하지만….

그러나 그보다 아내가 왜 다시는 그런 데 가지 말라고 했는지도 모른다. 오래전 일을 이제 물어볼 수도 없고….

죽음 뒤에 오는 것

··· 죽음을 대하는
두 가지 태도

사람들은 잘살기를 원하며 점점 더 좋은 삶을 향해 달려가고 있다. 그러나 엄밀히 생각해 보면 사실 우리가 살아가고 있는지 죽어가고 있는지 알 수 없는 일이다. 흔히 세상 사람들은 '죽을 뻔했다'든지 '살 뻔했다'는 말을 하지만, 전자는 살았다는 뜻이며 후자는 오히려 죽었다는 사실을 말할 때 사용한다. 그러므로 '나는 살고 있다'는 말은 죽어 가고 있다는 일을 전제로 하며, '나는 죽어 가고 있다'는 사실이 오히려 삶을 의미한다고 보아야 옳을 것이다.

만일 어떤 운명의 신이 있어서 "내가 너로 하여금 땅에서 60년을 살게 허락해 줄 테니 여기 2만 1900환을 받아 가지고 세상에 가거라. 그리고 매일 해가 질 때면 1환씩을 도로 바쳐서 그 돈이 다 없어질 때 너는 죽게 되는 것이다"라고 명령했다면 우리의 삶은 살고 있다고 보는 것이 옳은가, 아니면 죽어 가고 있다고 생각하는 것이 옳은가?

어쨌든 우리는 매일 매일 무덤을 향해 나아가고 있는 것이 사실이며 살아가는 일이 죽음을 향해 전진하고 있는 것임에는 틀림없다. 생존하고 있는 현실을 어떻게 부르든 간에.

죽음은 이렇듯 피할 수 없는 절박한 사실이며, 내 생명과 삶 속에서 자라고 있는 엄숙한 현실임을 부정할 수 없다. 육체가 점점 더 쉽게 피곤을 느끼는 것도 그 징조이며 눈이 침침해지고 숨이 가빠지는가 하면 허리가 굽어지는 현상도 죽음이 내 삶을 하루하루 정복하고 있다는 숨길 수 없는 현상이다.

그러기에 인간은 죽기 위해 산다. '죽음은 삶의 종말인 동시에 결산이다'라는 말이 나오게 되는 것이다. 스토아 사상의 마지막 학자이며 인류의 위대한 도덕학자였던 로마의 세네카가 인생의 가장 참되고 영구한 문제는 '어떻게 죽어야 하는가'에 있다고 말한 것도 깊은 뜻을 내포하고 있다. 한때 우리의 숭앙을 받았던 톨스토이가 인생의 제일 중요한 문제는 사망을 해결하는 데 있다고 거듭 말했던 것을 보아도 죽음의 문제는 비단 그들만의 문제가 아니었음을 알 수 있다.

'어떻게 죽을 것인가' 하는 문제는 생의 목적이 무엇인지를 대답해 주고, '죽음은 무엇인가' 하는 문제는 삶의 의의를 밝혀 주는 해답이 되기 때문이다. 이렇게 본다면 그 본질과 내용을 어떻게 해석하든지 삶의 종말은 죽음이다. 그리고 모든 인간이 언젠가 죽음에 도달하고야 만다는 사실은 부정할 수 없는 현실이다. 누구나 세상에 와서 수고하고 번민하다가 죽음이라는 무대 저편으로 사라져 버린다. 저마다 다른 삶을 산다 해도 죽음 앞에서는 무슨 차이가 있겠는가. 그러기에 모든 인간은 날 때 동일한 출발선에서 삶의 경기를 시작하는 것처럼 죽음에 이르러서도 다시 한번 똑같은 삶의 한계와 종말에 도달하게 되는 것이다.

그러면 우리는 이러한 죽음에 대해 어떤 태도를 취하며, 무엇으로 그 해결을 얻을 수 있겠는가. 이것이 곧 만인의 문제인 동시에 인간 각자의 해결을 요하는 결론이다.

인간은 옛날부터 죽음에 관하여 두 종류의 해답을 가지고 있다. 그리고 대부분의 사람은 그중 하나의 태도를 취하고 있는 것이 사실이다. 하나는, 죽음은 삶의 종말이기 때문에 그것이 그대로 모든 것의 끝이며 우리 삶은 죽음을 통해 허무와 공허로 돌아가고 만다는 태도다. 다른 하나는, 사망이 삶의 끝인 것은 틀림없으나 그것은 하나의 종말인 동시에 새로운 삶의 출발일 것이라고 기대하는 입장이다. 예로부터 죽음을 대하는 두 가지 태도는 오늘날에도 모든 인류의 인생관을 그대로 지배하고 있다.

··· 인생의 석양을
맞이할 때

그러나 이토록 절박한 죽음의 문제에 대한 두 종류의 해결은 결코 확증이나 이론적 증명에 의하여 밝혀지는 문제가 아니다. 죽음 뒤의 문제는 닫힌 저편 세계의 내용이며, 이미 우리의 한계와 이해의 범위 바깥 문제가 되기 때문이다. 혹은 내세의 불가능을 주장하는 학자나 현세만의 세계관을 외치는 사람도 있다.

그럼에도 불구하고 많은 사람은 여전히 죽음 뒤의 생을 믿을 것이며, 혹은 내세를 그대로 믿도록 요청하는 종교인도 있다. 그렇다고 해서 세상에 내세를 부정하는 과학자들이 없어질 리도 만무한 일이다. 그것은 각자의 신념이며 스스로의 인생관에 속할 뿐이지 결코 증명이나 해설을 통해 풀릴 과제는 아니다. 우리에게 주어진 것은 오직 선택일 뿐이며, 각자의 결정에 따를 뿐이다.

그러나 죽음이라는 중대한 문제에 관해 각자 어떤 태도를 취할지 결정하는 일은 인생에서 절대로 무의미하거나 평범한 문제로 끝나지 않는다. 오히려 인간에게 제일 중요하고 근본적으로 해결해야 할 문제가 있다면 바로 이것이라고 보아도 무방할 것이다. 실제로 이것 이상의 중대하고 최종적인 문제는 다시 있을 수 없다. 유신론과 무신론의 차이도 죽음을 대하는 태도와 연관성을 가지고 있으며, 세계를 선과 희망과 낙천적 관점에서 바라보는 세계관과, 세계를 악과 절망과 염세의 관점에서 바라보는 세계관도 마침내 그것에 따라 나누어지기 때문이다.

그러므로 우리는 여기에서 삶의 근본적인 분기점에 서게 된다. 그 분기점에서 양자 중 하나를 택하는 결정을 내리지 않을 수 없게 된다. 이러한 문제는 결단코 이론이나 추상으로 끝나지는 않는다. 언젠가는 반드시 우리에게 찾아오는, 그대로는 넘어설 수 없는 결정의 단계이기 때문이다.

인생의 석양을 맞이하며 삶의 황혼기를 대하게 될 때 우리는 자신 있게 인생의 고아가 되지 않을 수 있는가. 사라지는 삶의 걷잡을 수 없는 그림자를 더듬지 않고 확신 있게 새로운 저편 세계에의 소망을 소유할 수 있을까. 모든 인간이 그리워할 고향을 떠나온 것과 마찬가지로, 삶이라는 나그네의 길을 떠나온 '곳'이 있다면, 우리의 참다운 생의 고향은 반드시 약속되어 있는 것이 아닐까.

무엇 때문에 사는가?

   ··· 인간은 왜
   살아야 하는가

   어느 해 늦은 봄의 일이다. 강의를 끝내고 사무실로 들어와 손에 묻은 분필가루를 씻고 있었다. 비교적 넓은 방에는 사람이 별로 없는 편이었다. 나는 수건으로 손을 닦으면서 방 한쪽 구석에서 모자를 매만지며 서 있는 청년을 발견했다. 혹시나 나에게 무슨 부탁이 있어 찾아온 학생인가 싶었는데, 그 청년이 나를 보더니 옆으로 다가와 "선생님이 김형석 교수님이십니까?"라고 물었다. 내가 그렇다고 대답하자 이렇게 말했다.

   "죄송합니다만, 선생님을 뵙고 싶어서 왔습니다."

   "아, 그래요? 그러면 여기 앉아서 얘기를 듣도록 할까요?"

   강의 후라 피곤하기도 했던 나는 방 한쪽 구석에 의자 두 개를 맞대 놓으며 얘기를 들을 심산이었다. 그러나 청년은 약간 망설이는 빛을 보이더니 "선생님, 얘기가 조금 길어질 것 같은데 괜찮으시겠습니까?"라고 물었다.

나는 "얼마나 긴 얘기예요?"라고 물으면서 비로소 그의 모자와 양복 단추가 낯익은 학교의 것임을 알게 되었다.

"약 두 시간 정도 걸릴 것 같습니다."

이번에는 내가 약간 당황하여 "학생, 어느 학교에 다니지요?"라고 물었다.

"대구 경북고등학교입니다."

"아니, 어떻게 서울까지 왔소?"

"선생님을 뵙고 싶어서 왔습니다."

"언제 왔는데요?"

"지금 막 서울역에서 여기까지 찾아온 길입니다."

나는 잠시 동안 어떻게 하면 좋을지 몰라 생각에 잠겼다. 그러고는 일어서면서 이렇게 말했다.

"그렇다면 아직 식사도 못 했을지 모르겠고, 또 점심시간도 다 됐으니까 나와 같이 우리 집으로 갑시다. 가까우니까 가서 점심이나 먹으면서 얘기를 듣기로 하지요."

멀리서 온 어린 학생에게 쉴 시간도 줄 겸 내 시간도 절약하는 의미에서 그러는 편이 제일 좋으리라 여겨졌다.

집으로 가는 길에 그의 이름이 이○○라는 것과 그가 지금 열일

곱 살 고등학생이라는 것을 알았다. 점심을 같이하는 동안에 이군이 말한 얘기는 대략 다음과 같은 것이었다.

이군은 머리가 무척 영리하고 우수한 학생이었다. 대구 부근 농촌에서 가난하게 자랐기 때문에 형과 동생들은 학교에 갈 처지가 못 되었으나 자기는 초등학교 1학년 때부터 지금까지 언제나 최우등을 해 온 덕분에 학비는 항상 면제되었다고 했다. 중학교 2학년 때는 서울서 열리는 전국 학술경기대회에서 일등상도 받은 수재였다.

그러던 이군에게 뜻하지 않은 불행이 찾아왔다. 지난해 여름, 가난에 쪼들려 품팔이로 가계를 꾸려 가던 이군의 모친이 심한 병으로 눕게 된 것이다. 마침내 의사는 장질부사로 진단을 내렸고 10여 일 뒤에는 의약의 치료도 변변히 받지 못한 채 세상을 떠나게 된 것이다.

이군은 관 속에 든 어머니의 시신을 이끌고 화장터까지 갔다. 관을 불판 위에 얹자 문이 닫혔다. 높은 굴뚝으로는 한참 동안 검은 연기가 피어올라 푸른 하늘 저편으로 사라져 버렸다. 얼마 뒤 화장통의 문이 열리고 넓다란 쇠판이 밖으로 밀려 나왔을 때는 이미 아무것도 남겨진 것이 없었다.

이군은 그만 깜짝 놀랐다. 어린 소년은 세상이 어떻게 되는 것인지 알 수가 없었다. 그리고 얼마 뒤 작은 단지 속에는 잿더미에서 추려 모은 몇 조각의 뼈들이 담겨졌다. 아버지는 이군에게 "어미가 너를 누구보다 좋아했으니 네가 들고 가자"고 말했다.

이군은 말없이 집으로 왔다. 그날 저녁 단지를 방구석에 놓고 잠을 자려 했으나 잠이 오지 않았다. 며칠 전까지만 해도 그렇게 나를 사랑해 주던 어머니가 아닌가. 그래도 시신일망정 아침까지도 어머니가 계셨는데 이게 무슨 일인가. 혹시 저 연기가 사라진 푸른 하늘 어딘가에서 나를 기다리고 계시는 것은 아닌가. 그렇지 않으면 문밖에서 문을 열지 못해 못 들어오시는 것은 아닐까.

이군은 그날 밤 몇 번이나 문을 열고 밖을 내다보았다. 그러나 어머니는 계시지 않았다.

그때부터 어린 청년의 머릿속에는 깊은 고민이 생겼다. 영어시간에도 '어머니는 어디로 갔을까'라는 생각에 빠졌고, 수학시간에도 '사람은 이렇게 살다가 마침내 어떻게 되는 것인가'라는 고민에 잠겼다. 의문은 점점 깊어졌으나 해답은 찾을 길이 없었다.

그때부터 성적이 떨어지기 시작했고 담임선생님은 이군을 애처롭게 바라보는 수밖에 다른 도리가 없었다.

어느 날 선생님으로부터 사랑의 책망과 더불어 왜 공부를 소홀히 하느냐는 질문을 받은 어린 이군은 그 동안 자기가 품고 있던 여러 가지 문제를 그대로 말했다.

"이러한 인생의 문제를 해결 짓지 못하면서 영어 단어나 외우고 수학 문제나 풀면 무엇 하겠습니까?"

그 뒤 이군의 상황은 더 심각해졌다. 선생님들과 부친이 마음의 병을 앓고 있는 이군을 치료하기 위해 어느 신경과 계통의 병원에 이군을 입원시킨 것이다. 이군이 생의 허무와 어머니를 향한 그리움이 사무쳐 자살을 계획할지도 모른다는 염려 때문이기도 했으나, 너무 심오한 문제를 놓고 고민하는 어린 청년을 정신병에 걸린 것으로 오인했기 때문이다.

"선생님, 몇 번 죽으려고 생각했어요. 어머니가 어디선가 나를 찾는 것만 같았고, 인생의 문제는 아무리 생각해도 끝이 없었기 때문에 죽음이 모든 그리움과 문제를 해결지어 줄 것으로 믿어졌어요. 그러나 저는 죽지 않기로 결심했습니다. 아무래도 인간이 왜 살아야 하는지 찾아내기 전에 죽는 것은 지는 것이라는 생각이 들었기 때문입니다."

나에게 이렇게 말하고 있는 어린 청년의 눈에 눈물이 고여 있었다.

그 뒤 이군은 의사에게 여러 차례 자기가 병자가 아니라고 설명하고 병원을 나올 수 있었다. 무거운 마음의 문제를 간직한 이군은 갈 곳이 없었다. 그는 마침내 경북대학교의 ○○학장을 찾았다. 모든 얘기를 다 들은 ○○학장은 부친과 선생님들을 설득해 이군이 다시 학교에 나가도록 권면했다. 그리고 어린 이군에게는 운동과 휴양을 당부했다. 그래서 이군은 오늘까지 학교를 계속 다니고 있다는 내용이었다.

··· 아무에게도 진정한
삶의 목적은 없다

얘기가 끝난 다음, 이군이 나에게 세 가지를 물었다. "선생님, 저는 여러 가지로 생각해 보았습니다. 그런데 결국 이런 결론에 도달했습니다. '사람은 반드시 무슨 목적이 있어야 살기 마련이다. 목적이 없이는 살 수가 없는 것이 인간이다. 그러나 깊이 생각해 보면 어느 누구에게도 목적은 없다'라는 결론입니다." 이어 내게 질문했다.

"우리는 이 문제를 어떻게 해결하면 좋겠습니까?"

나는 한참 동안 어린 이군의 얼굴을 바라봤다.

"이군, 참으로 훌륭한 문제를 가졌소. 옛날이나 오늘이나 참되게 살려고 하는 사람들은 다 한 번씩 그런 문제를 고민했으나, 그렇다고 그 문제가 그렇게 쉽게 답을 찾을 수 있는 문제는 아닙니다. 더군다나 이군은 이제 고등학교 1학년 학생이니까 아무리 생각하고 고민한대도 그 문제가 바로 해결되지는 못합니다. 좀 섭섭할는지 모르겠지만 집으로 돌아가서 학교 공부를 잘하고 무사히 고등학교를 마친 뒤에 철학과로 오십시오. 그때 훌륭한 철학자들은 어떻게 고민했는지, 또 우리는 어떻게 생각해야 할지, 본격적으로 연구해 봅시다. 남들은 몇십 년 고민하는 문제를 이군같이 어린 소년이 어떻게 하루아침에 답을 찾을 수 있겠소."

나 자신에게도 만만한 문제가 아니기도 했으나 우선 어린 이군에게 더 큰 문제를 던져 주고 싶지 않았다. 그러나 이군은 퍽 섭섭한 모양이었다.

"그래도 선생님, 어떤 암시나 결론만 말씀해 주셔도 그 뒤의 것은 저 혼자 생각해 보겠는데요…."

그대로 돌아가기를 망설이던 이군은 이왕 이 문제의 해결을 얻기 위해 서울까지 왔으니 해답을 줄 다른 분이라도 소개해 줄 수 없는지 물었다.

나는 이군이 대구로 돌아간 뒤 편지로 연락도 하겠고 또 읽으면 도움이 될 만한 책도 알려주겠다고 약속했다. 그리고 경북대학교의 ○○학장님을 자주 찾아뵈라고 당부했다. 그분은 좋은 학자이자 경건한 신앙인이기도 했기 때문이다.

나는 오후에 약속된 일도 있어 이군과 이야기를 계속할 수가 없었다. 대문 밖에서 배웅하며 잘 가라고 어깨를 다독여 주었다. 어린 이군은 허리를 굽혀 인사하고 떠나갔다. 나는 멀리 골목을 돌아 이군이 보이지 않을 때까지 대문 밖에 서 있었다. 고독과 슬픔이 한꺼번에 내 가슴에도 스며드는 것 같았다.

'저렇게 어린 소년으로서는 너무나 무거운 문제가 아닌가. 생의 노년기를 맞이하기까지 삶의 진리를 묻지도 않고 사는 사람도 있는데…' 싶은 생각이 들었다.

그날 밤 나는 자리에 누우면서 다시 한번 이군의 얘기를 되풀이해 생각했다.

'인간에게는 반드시 삶의 목적이 있어야 한다. 그러나 아무에게
도 진정한 목적은 없다.'

2부

마음

값있는 불행

··· 자신의 행복을
돌보지 않은 사람들

   사람은 저마다 행복해지기를 원한다. 그러나 누구에게나 다 같은 행복이 찾아오는 것은 아니다. 행복을 위해 불행을 참고 견디는 사람도 있고, 찾아올 불행을 생각하고 행복 속에서도 불안한 마음을 갖고 사는 사람도 많다. 인간의 생활은 행복만일 수도, 끝없는 불행만일 수도 없기 때문이다.

   그러면 참다운 의미에서 행복이란 무엇일까? 나에게 만족하고 즐거움이 된다면 그대로 그것이 행복일까? 행복일 수도 있다. 자기의 영광을 최고의 가치라 여기는 정치가가 있다면 높은 관직을 차지한 것이 가장 행복할 것이다. 그러나 참으로 한 민족의 운명을 염려하는 진실한 정치인이라면 그 지위가 얼마나 큰 근심과 무거운 짐이 되겠는가. 미국 대통령을 지낸 트루먼은 루스벨트 대통령의 별세를 보고 받고, 하늘의 달과 별들이 자신의 어깨에 떨어진 것 같이 무거운 두려움을 느꼈다고 말한 바 있다. 사람의 행복과 불행이란 밖에서 바라보는 대로 평가되는 것이 아니다.

그러므로 올바른 인생을 살고자 하는 사람은 행복한 사람이 되기 전에 먼저 가치 있는 사람이 되려고 생각한다. 오히려 가치 있고 보람 있게 살기 위해서는 자신의 행복이나 불행을 돌보지 않는 것이 참다운 인간이며, 진정한 행복은 거기에 있는 것이 아니겠는가. 이렇게 본다면 행복을 위해 산 사람 중에는 위대한 사람이 없으나 가치 있고 보람 있게 살려고 애쓴 사람 중에는 수없이 많은 위인이 있다. 돼지의 행복보다 사람의 불행이 더 귀하고 아름다운 것이다. 나는 인생의 가치와 빛을 위하여 자기의 불행과 고통을 스스로 감당한 숨어 있는 많은 사람을 알고 있고 또 보아 왔다. 그중 가치 있는 불행을 선택한 사람에 대해 생각나는 대로 몇 자 적어 보려고 한다.

더운 여름 오후였다. 나는 친구와 같이 웃옷을 어깨에 걸치고 이마에 흐르는 땀을 닦으면서 산길을 오르고 있었다. 초가집 몇 채를 지나자 완전히 좁은 산길이 나오더니, 곧 숲이 우거진 소나무 길이 나타났다.

우리는 도산 안창호 선생의 산장을 구경하러 가는 길이었다. 아직 완전히 정리되지는 않았으나 제법 공원다운 광경이 펼쳐졌다. 나무들도 깨끗이 단장되었고, 길도 나무 사이로 곡선을 그리며 운치 있게 뻗어 있었다.

"웬 돌들이 이렇게 아름답게 세워져 있을까?"

내가 친구에게 물었다. 나는 산장의 입구로 보이는 동네 어귀에서부터 사람의 힘에 미칠 만한 돌들이 그대로 세워져 있는 것이 아름답기도 했으나 약간 이상하게 느껴지기도 했다. 길가에도 돌들이 서 있었다. 꽃밭을 둘러싸고 있는 울타리를 대신하는 돌들도 서 있었다. 연못가에 담을 쌓을 돌들도 서 있었다. 소나무 아래 별로 귀한 자리를 차지하지 않을 돌들도 서 있었다. 가는 곳마다 눈에 띄는 것은 서 있는 돌들이었다.

"산에 돌이 많기도 하지만 입석(立石) 공원에 온 것 같네."

얼마 뒤에는 내 친구도 이런 말을 하면서 웃었다.

어느덧 늦은 오후 버드나무의 긴 그림자가 농촌 초가집 지붕에 드리울 무렵, 나는 친구와 함께 산장을 내려왔다.

··· 입을 열기도 벅찬
책임의 무게

몇 해가 지났다. 해방의 소식이 땅을 뒤흔들었다. 나는 주인 없는 평양 대보산(大寶山) 산장이 생각났다. '도산 선생께서 살아계셨더라면!' 하는 생각에 가슴이 답답해졌다. 어딘가 꼭 계셔야 할 분이 부재한 것만 같았다.

내 머릿속에는 20여 명의 농촌 늙은이들을 앞에 놓고 애국과 참다운 삶의 길을 위하여 눈물을 머금고 말씀하시던 여러 해 전 선생의 모습이 떠올랐다.

"모든 농촌 사람이 언젠가는 이만큼 생활 수준이 올라가야 하겠는데…."

살구꽃 아름답게 핀 용악산(龍岳山) 아래 아담한 기와집 뒤에 서서 "집 짓는 데 얼마나 드느냐", "다섯 가족이면 몇 평이나 땅을 갈아야 살 수 있느냐"고 물으시던 기억도 사라지지 않았다.

그때 선생의 눈에는 어떤 간절한 소망이 가득 차 있었다. 아마도 그 가슴속에는 끄려 해도 끌 수 없는 불길, 누르려 해도 누를 수 없는 안타까움이 북받쳐 올라오고 있었을 것이다.

나는 친구와 같이 한 번 더 주인이 떠난 지 오래된 산장을 방문하기로 했다. 산천은 예와 다름이 없는데 인걸(人傑)은 간 곳 없다던

시조 그대로였다.

여러 해 전에 비해 방문객들이 많았다. 해방 전까지는 찾아오는 방문객들이 침묵을 지키곤 했지만 그날은 해방의 기쁨에 벅찬 수많은 사람이 웅성대고 있었다. 소나무 밑 고요한 자리마다 뜻 있는 사람들이 해방의 즐거움과 선생의 정신을 그리워하고 있었다. 그때 유가족 중 한 분이 이렇게 이야기했다.

"선생께서 살아 계실 때, 이곳에 오는 사람들이 서 있는 돌을 본다면 나라의 독립을 생각할 것이라며 이 돌들을 세워 놓았답니다."

나는 친구의 얼굴을 돌아보았다. 친구도 내 얼굴을 바라보았다. 그리고 각자의 생각으로 돌아갔다. 나도 모르는 사이에 콧등이 실룩해졌다. 해방의 기쁨과 함께 한참 울어 보고 싶은 심정이 울컥 하고 올라왔다.

지금도 그때 일을 회상하면 마음에 무거운 뭔가를 느낀다.

참 효자는 부모를 공경한다고 말하지 않는 법이다. 참 신앙인은 신 앞에 부족한 자기를 발견하는 것이 숨김없는 마음이다. 진정 나라를 사랑하는 사람은 스스로를 애국자라고 말하지 않는다. 말하기 전에 먼저 사랑하기 때문이다. 입을 열기도 벅찬 책임이 돌같이 무겁기 때문이다.

밤에 핀 목련

··· 마음이
아름답다는 것

부산 피난살이 만 2년째 되던 여름이었다. 나는 10명 가까운 학생들과 같이 쉬면서 책도 읽을 겸 바닷가에 텐트 칠 곳을 물색하고 있었다. 어떤 사람을 통해 오륙도 맞은편에 자리 잡고 있는 소나무 우거지고 바다가 맑은, 보기 드문 절승지(絶勝地)를 안내받았다.

그러나 그곳을 머물 장소로 결정짓기는 퍽 어려웠다. 그곳이 나병환자들이 수용되어 있는 구내(區內) 지역이었기 때문이다. 고민 끝에 책임 감독자에게 자세한 설명을 듣고 학생들에게도 합의를 얻은 뒤, 며칠을 그곳에 머물기로 결정했다.

환자들이 머무는 마을은 우리가 지내기로 한 장소에서 약 1킬로미터쯤 떨어진 산밑에 있었다. 그리고 우리가 머무는 사무실 옆에서얼마 떨어진 곳에는 그들의 집합소인 동시에 예배당인 건물이 넓은 창고와 함께 있었다.

우리가 머물게 된 다음 날 밤에는 그 장소에서 모임이 있었다. 나는 학생들과 같이 건강한 사람들이 앉는 자리를 얻었다. 순서가 진행되는 사이에 어떤 여자의 독창 차례가 되었다. 거리에서도 보기 드물 만큼 단정하고 아름다운 여인의 노래였다. 많은 환자와 더불어 우리도 즐거운 시간을 가졌다. 나는 학생들에게 사중창을 불러 그들을 위로하자고 권했다.

다음날 밤이었다. 우리는 저녁식사를 끝내고 뜰 위에 둘러앉아 재미있는 이야기를 나누며 시간을 보내고 있었다. 바로 그때였다. 환자들이 사는 마을 쪽에서 흰 옷을 입은 여인의 그림자가 나타났다. 학생 중 하나가 어젯밤 노래를 부른 여자라고 말했다.

그 여자는 나무가 우거진 달빛 그림자를 받으며 사무실 쪽 길에서 우리가 있는 방향으로 걸어오고 있었다. 나는 살림의 책임을 맡고 있는 학생에게 여인에게 가서 무슨 일인지 알아오라고 부탁했다. 몇 마디의 대화가 들릴락 말락 끝난 뒤, 그 여인이 무거운 물건 하나를 들고 우리가 있는 곳까지 다가왔다.

나는 학생들을 대신해 인사를 하고 달빛에 비친 그 여자의 단아한 모습을 넘겨다보았다. 자세히 보이지는 않았으나 그녀는 웃는 음성으로 말했다.

"저는 환자는 아닙니다. 그저 불행한 그들이 사는 마을 옆에 집을 짓고 그들과 같이 살고 있어요. 사실은 이렇게 여러분이 와 계신데 불편하실 듯싶어서 김치를 좀 담가 가지고 왔어요. 며칠이나 계시는지 다 떨어지면 또 만들어다 드리지요."

"고맙습니다. 그렇게까지 폐를 끼쳐서 되겠습니까?"

내가 인사를 했다. 그 여인은 손수 보자기를 풀고 김치 단지를 남겨 놓은 채 사무실이 있는 쪽으로 사라졌다. 그 여인이 간 뒤 우리는 어떻게 하면 좋을지 몰랐다. 모두 진실한 학생이어서 더욱 실례되는 말은 서로 삼가고 있었다.

한참 뒤 한 학생이 입을 열었다.

"자! 누가 먹을래?"

"그대로 환자들이나 갖다 주자."

"그럴 수야 없지. 사무실에 가서 물어보고 좋다고 말하면 고맙게 먹어야지."

이렇게 말이 오가는 사이 사무실 쪽에서 이리로 걸어오는 그림자가 보였다. 뚱뚱하고 점잖은 모습이 원장임에 틀림없어 보였다. 원장은 몇 마디 쾌활하게 웃음 섞인 이야기를 하고는 물었다.

"저 항아립니까, 박 선생께서 가져온 것이?"

"네."

한 학생이 대답했다.

"염려 말고 잡수세요. 그 여 선생은 환자가 아니에요."

"그런데 왜 여기 와서 환자들과 같이 삽니까?"

누구나 알고 싶어 할 질문을 내가 먼저 꺼냈다.

"그것은 우리도 모릅니다. 벌써 반년이 지났는걸요, 박 선생이 오신 것이…."

"아주 아름다운 여자던데요."

한 학생이 말하자 원장이 학생을 향해 돌아보면서 "마음은 얼굴보다 몇백 배 더 아름다운 분이지요"라고 말하며 빙그레 웃었다.

원장이 돌아간 뒤에도 우리는 환자들의 얘기와 그 여자의 얘기를 얼마 동안 계속했다. 성미가 급한 K군은 좋은 생각이 있다는 듯 "자, 누구든지 시장한 사람이 먼저 김치를 먹지 않을 테야?" 물으면서 일어섰다. 모두들 김치 냄새에 견딜 수 없어 하는 듯싶었으나 먼저 그릇을 집어 드는 용사는 없었다.

그러다 다음날 아침에는 모두가 아무 말도 없이 한 그릇씩 다 먹었다.

··· 세상에서 가장 슬픈
이별의 현장

이틀이 더 지난 이른 새벽이었다. 나는 잠결에 몹시 불안하고 이상하게 서글픈 소리를 듣고 눈을 떴다. 환각은 아니었다. 사무실 앞 넓은 뜰에 여러 사람이 떠들썩하게 모여 있었다. 나는 대충 옷을 걸치고 사무실 뜰까지 나가 보았다. 원장이 나에게 전해 준 바에 따르면 이랬다.

여기 수용소에는 100명가량의 어린 아이들이 있는데 그들 중에는 나병에 감염되어 이미 불치 환자가 된 사람도 꽤 있었고, 또 많은 수는 아직 미감아(未感兒)여서 건강한 사회로 나가게 된다는 얘기였다. 그런데 오늘은 도(道) 사회과에서 여기 있는 아이들을 전부 트럭에 실어 대구 ○○학원까지 데려간다고 했다. 거기서 완전한 진찰을 마친 후, 전염이 된 아이들은 다시 이곳으로 돌려보내고 병이 없는 아이들은 대구 ○○학원에 머물게 한다고 했다.

이러한 설명을 들은 나는 두렵고 떨릴 뿐이었다. 손이 없고 얼굴이 찌그러진 아버지 어머니들이 어제 밤새도록 잠도 못 자고 먹을 것과 짐을 싸고 옷을 지어 입히기에 바빴다고 했다. 그 지령이 어제 아침에 전달되었기 때문이다. 어떤 어머니는 어린 것을 안고 울고만 있었다. 점잖은 노인네는 울지도 않고 말도 없이 어린 아이의 머리 위에 손을 얹고 있을 뿐이었다. 나는 그때까지 그렇게 비참하고 불행한 광경을 본 적이 없었다.

이윽고 세 대의 트럭이 오고 20분 뒤에 떠난다는 소식이 전해졌다. 이별을 서러워하는 부모와 자식들 사이의 슬픈 이별의 시간은 그대로 흘렀다. 마침내 아이들이 트럭 위에 몸을 실었다. 대여섯 살 되는 어린 아이가 "어머니!" 하고 부르자, 어머니들이 그만 울기 시작하고 아버지들도 소리를 지르기 시작했다. 고요하고 아름다운 산천은 슬픈 울음으로 가득 찼다.

트럭은 많은 눈물과 울음을 실은 채 산길을 굽이돌아 고개를 넘었다. 어머니들은 그대로 목을 놓아 울고만 있었다. 아까부터 아이들을 달래고 어머니들을 위로해 주느라 바쁘게 다니던 흰옷 입은 박 선생이 내 옆으로 다가왔다. 그는 내 얼굴을 쳐다보면서 말했다.

"저들에게는 불행밖에는 없답니다. 트럭에 실려간 아이들이 다시 돌아오면 저 어머니들은 더 한층 불행해지니까요. 그러니까 다시 오기를 원치 않는 이별인 셈이에요."

이렇게 말하면서 깊은 한숨을 쉬었다. 그때 우는 소리에 잠이 깬 한 학생이 나에게로 걸어오고 있었다. 그 여인은 내 옆으로 오면서 빠르게 속삭였다.

"선생님, 속히 돌아가세요. 학생들에게는 저런 모습을 보여주지 마세요."

간곡한 부탁이었다. 나는 박 선생의 말대로 학생들이 있는 곳으로 무거운 발걸음을 옮겼다.

다음날 아침 우리 일행은 원장과 다른 관계자 분들께 작별인사를 하고 그곳을 떠났다. 그 여인도 떠나는 우리를 전송해 주러 나왔다. 나는 떠나면서 "박 선생님은 언제 나가시렵니까?"라고 물었다. 그러자 그 여인은 웃으면서 대답했다.

"전 여기서 살려고 왔어요."

"…"

인촌의 마음

··· 끝날 줄 모르는
인촌 선생의 기도

서울로 환도하던 1950년 정초였다. 부통령직을 사임하고 보수동 작은 집에 병으로 누워 계시던 인촌(仁村) 김성수 선생 댁을 찾았다. 봉직했던 교육기관과의 관계도 없지는 않았으나 나는 언제나 선생 뵙는 일을 아무 전제나 선입견 없이 인간이 인간을 그대로 대하듯 좋아했다.

요사이는 사람들이 자신의 아름답고 귀한 인간성을 잃고 살지 않나 싶은 때가 많다. 인간이 되기보다 먼저 정치가가 된 사람, 인간성이 형성되기도 전에 직업화된 군인, 실업가, 교육가, 관공리들이 있다. 때로는 이들을 존경하고 훌륭하게 보기도 한다. 그러나 그런 사람들을 자주 만나고 사귀기를 즐거워하지는 않는다. 물론 나 자신도 그런 사람 중의 하나이기에 더욱 그렇지만….

인촌 선생에게는 그런 점이 비교적 발견되지 않는다. 정치도 교육도 사회문제도 뜻하지 않은 바가 아니다. 그러나 항상 부드럽고 건전하며, 풍부한 인간미를 가지고 계신 점은 하루아침에 이루어질 수 없는 인격의 가치일 것이다.

내가 방문했던 때는 긴 병에 지치고 피로한 나머지 마음이 초조하고 신경이 극도로 날카로워지셨을 때였다. 병의 초기는 지났고 마음의 안정을 회복할 만큼 병이 경과되지도 않은 때였기 때문이다.

그날도 선생은 캄캄한 방에 누워 계시고 부인이 옆을 지키고 있었다. 왼팔과 왼쪽 다리는 완전히 감각을 잃고 잠시 일어나 앉는 것도 심한 고통 없이는 불가능했다. 하나에서 열까지 남의 힘을 빌리지 않고는 육신을 꼼짝하지 못하셨다.

나는 누워 계신 선생께 새해 인사를 교환하고 진심으로 위로해 드리고 싶은 마음이 간절했다. 그러나 도리가 없었다. 선생은 나에게 "오늘 날씨가 좋아요?"라고 묻고는 "올해에는 우리나라가 복을 받아야겠어요"라고 덧붙여 말씀하셨다.

그리고 선생은 두 눈을 감고 음성을 모아 기도를 올리셨다.

"올해에는 우리 겨레의 모든 죄악을 씻으시고 축복을 내려 주소서. 남북이 통일되게 하시고, 자라는 학도들이 새로운 마음으로 잘 자라게 하소서…."

긴 기도가 계속되었다. 기도를 다 드린 뒤 선생은 한참 동안 흐느껴 우셨다. 방에 있는 우리도 눈물을 닦았다.

얼마 뒤 나는 "금년에는 선생님께서도 건강이 회복되시기 바랍니다"라고 인사를 했다.

"낫겠지요. 그러나 안 나으면 어때요. 내 병보다 나라의 병이 나아야지. 꼭 남북이 통일되는 것을 보아야겠는데…."

그러면서 말끝을 흐리셨다. 그러던 선생께서 잠드신 지 일 년이 지났다. 그가 남겨 주신 지성도 아랑곳없이….

··· 참 인간이기에
더욱 빛났던 분

인촌 선생의 국민장에는 많은 사람이 슬픔을 같이했다. 그의 마음에 부딪쳐 본 적이 없는 이들은 그대로 겨레와 더불어 슬퍼했을 것이다. 그러나 그의 마음을 알고 그의 인간성에 접촉해 본 사람은 또 다른 애석함을 느꼈다. 나는 그분과 가까웠던 많은 이가 그가 부통령이었던 것과는 관계없이, 언론기관이나 교육사업도 떠나서 정히 한 인간을 잃었다는 슬픔에 붙잡혔으리라고 굳게 믿는다.

그날 오후 나는 그분의 묘지가 있는 K대학 교수실에서 두 시간을 보냈다. 교수실에서는 이런 대화들이 오갔다.

"상당히 많이 걸었는데도 피곤한지 모르겠는걸…. 아마 대학 선생들은 서로 만나지 못했어도 다 뒤따라 행진했을 거예요."

"지시나 부탁 없이도 이렇게 엄숙하게 치러진 전교 행사는 없었을 겁니다."

"선생께서는 무엇보다 우리 대학을 제일 아끼고 사랑하셨는데 ○○당에서는 지나치게 자기네 일처럼 시켜서 불쾌하던데…."

"그거야 그렇지. 우리가 제일 직속 부하니까. 하여튼 어딘가 주인이 없어진 것 같아."

"저렇게 좋은 어른이 먼저 세상을 떠나시는 걸 보면 또 어떤 불행이 올까 봐 먼저 데려가는 것 같기도 하고."

여러 해 전 김구 선생께서 세상을 떠났을 때는 온 겨레가 민족의 앞날을 걱정하고 슬퍼했다. 어쩐지 울고만 싶었다. 그러나 이번 인촌 선생을 보내는 마음은 그때와는 달랐다. 누구나 참으로 아끼던 분이 갔으므로 느끼는 슬픔이었다. 앞으로는 이렇게 많은 사람이 진실하게 마음과 정으로 얽혀 한 사람의 작고를 슬퍼할 일이 또 있을까 싶었다.

위대하기보다 진실했기에 아낌을 받았고, 업적을 드러내기보다 숨겨 왔기에 귀했다. 정치가, 교육가, 사업가, 지도자이기 전에 참 인간이었기에 더욱 빛났던 분이 아니었을까.

선생은 늙지 않아야 한다

··· 선생이 늙으면
학생의 마음과 멀어진다

상당히 더운 여름날 오후였다. 강의를 끝내고 도심지로 들어오
는 버스를 탄 나는 한쪽 구석에 겨우 자리를 잡았다. 밀려 들어오는
학생들이 제각기 강의실의 연장이나 되는 듯이 두세 명씩 짝을 지
어 앉고 서서 얘기를 주고받았다.

"그래, 어떻게 좀 통할 것 같아?"

"안 되겠어. 돌담이야 돌담."

앞에 서 있던 두 학생은 내가 주의를 기울이기 전부터 어떤 내용
의 대화를 이어가고 있었던 모양이다.

한 학생이 비교적 점잖게 "역시 세대 차이에서 오는 장벽일까?"
라며 가벼운 탄식 섞인 표정을 지었다.

"그렇게 통하지 않을 리는 없을 텐데…."

"요즘 교수님들이 미국에 많이 가는 모양인데 ○○○교수 같은 분들이 좀 다녀왔으면 좋겠어. 그러면 아마 좀 나아지겠지."

"글쎄, 워낙 마음 문을 닫고 사는 분이니까 미국 구경을 하셔도 마찬가지일걸?"

"외국에는 못 간다 하더라고…. 그래도 이따금 영화 구경이라도 해 주셨으면 좋겠어. 아마 그 선생은 소설이고 음악이고 미술 같은 데는 전혀 관심도 없을 거야."

나는 그들의 얘기를 더 듣지 못했다. 그들이 밀려드는 승객 때문에 얘기를 더 연장하지 못한 채 가운데 자리로 옮겨 갔기 때문이다.

그러나 '영화라도 보아 주었으면' 하던 말이 이상하게 머리에 남았다. 나 자신도 서울로 환도한 뒤 약 2년 반이나 되는 기간 동안 영화를 볼 기회가 전혀 없었다. 시간도 시간이려니와 좀체 영화 볼 기회가 생기지 않았다.

그러다가 지난 가을부터는 때때로 영화관을 찾았다. 그날 버스 안에서 내 옆에 서 있던 학생들의 대화를 통해 가장 중요한 화두가 영화임을 발견했기 때문이다. 교육이란 교육자와 피교육자 사이에 마음의 접촉점이 없이는 잘 이루어지지 않는다.

그런 의미에서 문학 작품을 읽을 시간도 제대로 갖지 못하는 나로서는 재미와 위안도 얻을 겸 다시 영화관을 찾는 습관을 기르기 시작했다.

그러나 최근 들어 나는 좀 더 넓은 방향으로 관심과 취미를 확대하기로 했다. 라디오를 통해서라도 음악 듣는 시간을 늘렸으며, 화집이나 전람회를 통해 그림도 보기 시작했다.

물론 다른 이유가 없다고는 할 수 없으나 이러한 문화적 환경과 거리를 두고 지내면서 교육 전선에 있다는 것이 좋지 못할 뿐만 아니라 가르치는 일과 문화에 공통된 접점이 없이 살다보면 자신도 모르는 사이에 그 사회에서 고립되고, 서글프게도 학생들의 동정과 불만의 대상이 되지 않을까 염려스러워졌기 때문이다.

사람은 무엇인가를 계속하고 있는 동안은 늙지 않는 것 같다. 그러나 무엇이든 일단 멈추고 휴식하는 동안은 자기도 모르는 사이에 늙는 것이 아니겠는가. 나는 선생은 늙지 않아야겠다고 생각했다.

지난 여름방학 때의 일이다. 시 교육위원회에서 각 고등학교의 간부 학생들을 몇 명씩 추려서 훈련하는 프로그램을 진행했다. 그 행사에서 교양을 위한 강연을 청탁받았다.

무럭무럭 자라는 10대들의 모습이 참으로 싱싱해 보였다. 마치 대나무가 자라는 것 같은 느낌이 들었다. 그들의 빛나는 눈동자는 무엇인가를 쉴 새 없이 갈망하고 있었으며, 피곤을 모르고 자라는 에너지는 하늘을 높다 하지 않는 듯싶었다. 그러나 젊음을 대하는 우리 자신은 우려스럽게도 이미 권태와 형식, 피곤과 전통에 얼마나 많이 젖어 버렸는지 모른다.

어느 고등학교에 강사로 갔을 때다. 강당에 100명 안팎의 학생들이 가지런히 자리를 잡고 나의 얘기를 기다리고 있었다. 나는 교장선생의 안내를 받아 강단 위 의자에 앉았다. 잠시 후 한 학생의 소개로 강연을 시작했다. 그때 나는 속으로 이런 생각을 했다. 이번 훈련은 학생들의 자율적이며 자치적인 행사이니 교장선생도 강단 아래 학생들이 앉는 자리에 앉아 있었으면 하는 생각이었다. 강단 위에 연사 이외의 사람이 있다는 것은 어린 학생들이 주의와 정신을 집중시키는 데 도움이 되지 않기 때문이다.

그런데 설상가상으로 이번에는 교장선생뿐 아니라, 다른 손님 여럿이 강단에 올라와 앉았다. 나는 얘기를 계속해 가면서 여러 번 학생들이 강단 위의 손님들에게 시선과 주의를 돌리는 것을 발견했으나 이미 할 수 없는 일이었다.

그뿐만이 아니었다. 강의가 30분쯤 계속되다가 중요한 부분에 왔을 때였다. 강당 한쪽 문으로 귀한 손님이 입장한 모양이었다. 강단에 앉아 있던 교장선생과 여러 손님들이 일제히 일어서서 그 귀빈을 맞이하러 강단 아래로 내려갔다. 학생들의 시선과 주의가 그리로 끌린 것은 말할 필요도 없다. 그러고는 다시 일제히 안내를 받아 다시 강단 위에 자리를 잡았다. 나는 흐트러지는 학생들의 마음을 조심스럽게 관찰하면서 한층 더 얘기하기에 어려움을 느꼈다.

그러나 그분들은 퍽도 바빴던 모양이다. 약 6~7분 뒤에는 다시 강단에서 줄을 지어 퇴장해 버렸다. 물론 전원이 다 자리를 뜬 것이다. 나는 아까보다 몇 배나 더 강연을 이어 가기에 어려움을 느꼈다.

청중 가운데는 확실히 그들의 움직임에 대한 불만을 숨기지 않는 학생도 있었다. 나는 겨우 분위기를 수습하면서 학생들을 위한 마음이 어떤 것일까 생각해 보지 않을 수 없었다. 강연이 끝나고 돌아오면서 그 자리에 귀빈으로 다녀간 사람이 바로 문교부의 ○○과장인 것을 알게 되었다.

다시 한번 교육자들은 늙지 않아야겠다고 생각했다. 그리고 관(官)과 장(長)이 더해지면 더 빨리 늙게 되는가 생각했다. 교육자가 늙어 간다는 것은 학생들의 마음과 멀어진다는 뜻이며, 관과 장은 더 빨리 학생들의 마음과 멀어지는 것 같기 때문이다.

··· 젊어지는 길은
안주하지 않는 것

육체가 늙어 간다고 해서 마음마저 늙어야 한다는 법칙은 없다. 오히려 선생들에게 주어진 하나의 축복이 있다면 그것은 어리고 젊은 학생들과 함께 지내면서 그들의 덕택으로 젊음을 오래 유지하는 것이 아닐까 한다.

그러나 현실에서는 그 반대의 경우가 많은 것 같다. 선생이라는 체면과 불필요한 형식 내지 권위 때문에 더 빨리 늙은 체를 해야 하는 것 같기도 하다. 사회인을 대할 때에도 선생이라는 직업의식이 자기도 모르게 발동해 필요 이상의 점잔과 예의를 지키는 것 같기도 하다. 남들 눈에 형식과 위선에 붙잡혀 있는 사람으로 보일 것도 같다.

어떤 사람은 60이 넘기까지 본이 되는 초등학교 선생으로 머무르는 반면, 아직 30, 40대밖에 안 된 젊은 선생들이 생동감을 잃은 경우도 더러 본다. 떠들고 소란스러운 아이들을 참을 수 없다고 하는 선생들을 때때로 발견하는데, 그럴 때 나는 속으로 생각한다. 그렇게 늙은 마음으로 자기의 기분만을 고집하는 태도가 자신을 교육계에서 버림받게 하고, 서글픈 운명으로 몰아가는 것을 그는 알까.

'50이 지나고 60이 되면서까지 철없는 학생들과 씨름하면서야 어떻게 살겠는가' 하고 고백하는 선생들도 적지 않다. 그러나 그 심정을 자세히 분석해 보면 그것은 엄연한 자멸이다. 자기 삶에 대한 패배인 동시에 성장하고 발전하는 사회에서 스스로 버림받고자 하는 불행의 길을 택하는 일인지도 모른다.

정히 선생다운 선생이 되는 것은 참으로 어려운 일인 것 같다. 이런 생각을 하면서 나는 늙지 않을 방법과 다른 하나의 요건을 갖추기로 했다. 내가 늙어 가지 않는 방법이자 교육계가 노쇠해지지 않기 위한 하나의 요건이다. 그것은 지극히 간단하다. 항상 새로운 연구를 거듭하며, 무언가를 지속해야 한다는 사실이다.

인간이 늙는다는 것은, 더욱이 학생이나 후배들로부터 저들은 벌써 늙어 버렸다는 지적을 받는 것은 한 가지 사실에 따르는 공통된 대명사인 것 같다. 즉 아무 일도 하지 않고 쉬고 있다는 것의 다른 표현이다. 그것이 안주일 수도 있다. 60이 되고 70이 되어도 꾸준하게 새로운 것을 지속하고 연구하며 산다면 그 마음과 정신은 20대나 30대의 젊은이들과 거의 차이가 없을 것이다. 역사와 문화에 업적을 남긴 사람들은 모두 그러한 열정과 노력의 주인공들이었다. 흘러가는 세월, 뒤따라오는 세대에 초조와 불안을 느낄 것이 아니라 그와 더불어 새로운 발전을 모색하는 일이 우리의 책임이며 늙지 않기 위한 방법이 아닌가 싶다.

교육계 전반의 노화를 방지하고 정돈(停頓)과 침체를 불러오지 않기 위해 일선 교육자들이 요청하는 바가 있다면 그것은 젊은 교육 행정이다. 가르치는 선생들보다 교장이나 학장, 총장들이 그리고 교육 행정의 요로(要路)에 있는 사람들이 지나치게 형식과 행정을 강조하는 데서 속히 벗어나기를 바란다.

나는 어렸을 때 지방의 면장이나 군수, 또는 경찰의 책임자들이 졸업식이나 국경일에 학교에 와서 훈사나 고사(告詞)를 하는 것을 무척 싫어했다. 심지어 어떤 면장이나 군수들은 몇 가지 글을 적어 두고는 그 가운데 한두 마디만 고쳐 가면서 몇 해 동안 써먹는다는 얘기도 들은 바 있다. 그러나 아직도 이러한 일들이 우리 교육계에 남아 있다. 어린 학생들이 듣기에도 첫마디부터 싫증을 일으키는 훈화와 훈계를 남기는 교장과 행정관들이 얼마나 많은가?

'나는 아무것도 생각하지 않고 고민하지 않으며 새로운 무엇을 얻기 위해 노력도 하지 않는다'를 이만큼 솔직히 고백하는 일도 없을 것이다. 직접 강의를 하고 어린 학생들을 기르기에 진심을 다하고 있는 교육자들에게 더 이상 늙고 굳어져 발전이 없는 행정 태도와 관습을 보여주지 않기를 거듭 바란다. 그들이야말로 우리에게 새로운 방향을 제시해 줄 지도자이자 선배들이기에 더욱 그러한 마음이 간절해진다.

모든 선생과 교육자가 항상 젊은 용기를 가지고 발전을 계속하고 있는 한 그 민족과 나라는 영원히 젊으리라 믿는다.

삶을 즐긴다는 것

··· 쓸쓸한
인생의 고백

20년간의 학창 시절을 통해 "앞날의 사회는 너희의 것이며, 내일은 너희가 역사의 주인공이다"라는 말을 여러 번 들어 왔다. 초등학교나 중학교는 말할 것도 없고 대학에서도 여러 차례 그 '내일'이 올 것을 기다리고 믿어 보았다.

'어제'는 이미 사라진 꿈이나 폐허인 듯싶었고, '내일'은 건설과 희망, 영광과 행복으로 가득 찰 것처럼 느껴졌다. 그리고 '앞날'은 이 모든 복된 소식을 간직하고 기다리고 있는 듯 느껴졌다.

그러나 막상 '내일, 내일!' 하며 수십 년을 보내면서 살아 보니 그렇게 기다리던 내일은 아무것도 아니었다. 고통과 근심, 실망과 고적(孤寂), 불안과 회의만이 가득 차 있을 뿐이었다.

그러는 사이에 어느 틈엔가 나 자신도 모르게 "암만 그래도 그 때가 제일 좋았어. 철없던 젊은 시절이 제일이었고 학창 시절을 마감한 이후 어떤 꿈이나 소망도 없어지고 말았으니까"라고 고백하고 있는 스스로를 자주 발견하게 되었다. 싸늘하고 냉정한 현실, 뼈저린 생존 경쟁, 여지없이 부서지는 청춘의 꿈, 이 모든 것을 느끼는 사이에 어제를 그리워하며 지난날을 애모하는 인간으로 바뀌어 버리고만 것이다.

그렇다면 인생이란 '내일 내일' 하면서 한 30년을 보내고 '어제 어제' 하면서 또 한 30년을 보내는 사이에 끝나고 마는 것인가.

내일은 아직 오지 않았기 때문에 없고, 어제는 이미 사라졌기 때문에 없는 것인데도 불구하고 인간은 아직 오지 않은 내일을 위해 30년, 사라진 지난날을 그리면서 30년을 산다. 그렇게 끝난다면 가장 중요한 오늘은 어떻게 살아야 하는 것인가.

일본의 어떤 늙은 철학자가 정년이 되어 교수직에서 은퇴하게 되었다. 많은 동료들과 제자들이 그와의 작별을 섭섭하게 생각하여 송별회를 열고 떠나는 늙은 철학자의 답사를 듣게 되었다. 그 철학자는 조용히 입을 열었다.

"흑판을 바라보며 30년, 흑판을 등지고 30년을 살았더니 내 일생은 벌써 끝나게 되었군요."

앞의 30년은 배우는 시간, 뒤의 30년은 가르치는 시간이었다. 그러는 사이 인생의 황혼이 찾아왔다는 뜻이다. 역시 쓸쓸한 인생의 고백이 아닌가 싶다.

그렇다고 나는 모든 선생이 나를 속였다고는 생각하지 않는다. 그것이 사실이라면 그들도 속았기 때문이다. 나는 또 그 은퇴 철학자가 불행한 사람이라고도 생각하지 않는다. 세상에는 자기의 불행조차 모르고 사는 사람이 거의 대부분이기 때문이다.

··· 진정 가치 있는
즐거움이란

현대는 좀 더 약아지고 지혜로운 자로 자처하는 사람들이 많다. 나는 요사이 젊은 사람들에게서 삶을 즐긴다는 말을 자주 듣는다. 그리고 그 뜻은 주로 선진국가라고 불리는 미국을 통해 받아들인 정서가 아닌가 싶기도 하다. 확실히 그들은 우리 세대보다 '엔조이'하려는 욕구를 강하게 느끼는 듯하다. 그리고 가능하면 내일보다 오늘, 기대나 회상보다 현실을 택하여 즐기는 것이 더 좋은 삶이라는 것을 구태여 부정할 필요는 없다.

그러나 문제는 여전히 남아 있으며 우리의 참다운 삶과 행복이 즐기는 것만으로 해결할 수 없는 것도 사실이다. 그것은 오늘 무엇을 위해 어떻게 살아야 하며, 진정 가치 있는 즐거움이란 무엇인가를 더 중요한 과제로 남겨 두지 않을 수 없기 때문이다.

오늘을 산다는 것은 현재를 말하는 것이다. 시간적으로 따진다면 삶의 한순간일 수도 있다. 그렇다고 우리의 삶이 어제는 지났고 내일은 어떨지 모르니, 삶은 오늘뿐이며 현실을 즐기는 것 이외에 지혜로운 삶이 없다고 한다면, 그것은 오히려 오늘도 차지하지 못하면서 어제와 내일까지도 버리는 것이 될 것이다.

우리의 삶이란 순간 순간인 현재에만 있는 것이 아니다. 오히려 삶이란 어떠한 지속적인 흐름 속에 있다고 보는 것이 옳다. 어제로 인해 오늘이 있고 오늘의 결과로 내일이 있는 법이다. 오늘 내가 학교에 있는 것은 지난날 내가 입학을 했기 때문이며, 내일 내가 감옥에 있게 된다면 오늘 내가 법을 어겼기 때문이다.

그러기에 과거는 이미 사라져 없어진 것이 아니라 결과로서 현재에 자리잡고 있는 것이다. 미래는 아직 오지 않은 것이 아니라 원인으로서 현재에 있는 것이다. 그러므로 오늘을 어떻게 사는가 하는 문제는 반드시 어제와 내일의 연관성에서 오늘은 무엇을 위하여 어떻게 살아야 하는가 하는 해답을 얻는 데 있다.

정녕 오늘을 어떻게 사느냐에 따라서 지나간 과거가 빛과 암흑으로 바뀔 수도 있으며 찾아올 미래가 영광과 치욕, 환희와 고통으로 변할 수도 있는 것이다. 그러므로 우리 삶의 한순간이 내 전체 삶과 연관되어 있으며 행복과 불행, 성공과 실패는 순간마다 뒤따르고 있는 것이다. 이 한순간이 나를 행복하게도 불행하게도 만들며 존경받을 사람과 버림받을 사람으로도 구별 짓게 하는 것이다.

이렇게 생각한다면 우리는 확실히 오늘에 살고 있으며, 또 오늘을 살아야 한다. 그러나 오늘을 비판도 없고 자각도 없이 즐기는 것에만 치중해 살다가 끝내서는 안 된다.

··· 현재를 영원으로
끌어올리는 일

영국의 학자 J. S. 밀은 "행복한 돼지보다 불행한 소크라테스가 낫다"는 말을 남겼다. 행복은 양에 있다기보다 질에 있으며, 쾌락이 그대로 행복의 가치를 결정짓는 것은 아니라는 것을 의미하는 말이라고 생각한다.

즐거운 삶을 택하고 삶이 즐거워지기를 원하는 것이 무슨 잘못이겠는가. 즐거움이 곧 행복이라며 생을 즐기려는 것이 현대인의 욕구일지도 모른다. 그러나 무엇이 참으로 즐긴다는 것인가. 또 어떻게 삶을 즐겨야 좋은가. 맛있는 음식을 즐기는 사람, 도박에 빠져 도취경(陶醉境)에 떨어진 사람, 명상에 잠겨 있는 시인, 작전이 성공했음을 보고 있는 장군, 신앙적 진리를 외치고 있는 종교인, 모두 삶을 즐기고 있는 사람임에 틀림없다.

그러나 이 모든 사람이 추구하는 바를 똑같은 가치로 평가할 수는 없다. 동일한 행복의 소유자라고 볼 수 없기 때문이다. 만약 지금 내 앞에 있는 10명의 사람에게 "당신들은 이제부터 각자 자기가 가장 즐길 수 있는 길을 택하라"고 한다면 그들 각자가 취하는 길은 제각기 다를 것이다. 그렇다고 해서 아무런 조건도 목적도 뜻하는 바도 없이 삶을 즐긴다면 무엇이 남을 것인가? 여기에도 여전히 하나의 근본 문제가 남는다. 바로 '나는 무엇을 위하여 살며 어디서 삶의 의미를 발견할 것인가' 하는 것이다.

그렇다면 즐거움이란 도대체 무엇인가? 어떻게 객관적 가치와 의의가 인정되는 행복을 추구할 것인가? 돼지의 행복이 아닌 소크라테스의 가치와 행복을 누릴 수 있겠는가? 우리의 마지막 결론은 여기에 있는 듯하다.

즐거움이란 자기가 뜻하는 삶의 가치를 성취하며 그것을 자기 것으로 만드는 삶의 만족감을 말한다. 그러기에 즐거움과 행복은 항상 주관적이며 자기에 속한 내용이 된다. 그러나 인간은 홀로 살지 못하며, 나만의 뜻이 그대로 영구하고 참된 것은 아니다. 여기서 보다 중요한 문제는, '나는 삶의 가치와 의미를 어디에 두고 있으며 무엇을 위하여 살 것인가' 하는 것이다. 즐거움은 같이 즐길 수 있으나 그 즐거움의 내용과 의미는 그 속에 있는 가치가 어떠한가에 따라 달라지기 때문이다.

그러므로 진정한 의미의 삶을 즐긴다는 것은 아무 내용이나 가치도 없이 삶을 웃으며 보내는 것이 아니다. 오히려 참다운 삶의 환희란 보다 소중한 가치, 가능하면 가장 귀한 삶의 의미를 찾아 스스로를 그 가치에 합치시키려는 노력, 자기 자신을 무엇인가 영원한 터전에 두게 하는 결정 없이는 불가능하다.

모든 과거와 미래가 현재에 머물고 있다면 그러한 현재를 영원으로 끌어올리는 일, 그것만이 참으로 삶을 영구히 즐기는 것이 아닐까 싶다.

어떤 철인은 현재가 영원이 되며 오늘이 신(神)에게 통한다고 말했다. 삶을 즐길 수 있다는 것은 귀하다. 그러나 삶을 영원에서 즐길 수 있다면 그것은 삶의 완성을 말하는 것이 아닐까.

나와 개구리

··· 삶의 의욕을 불러온
우렁찬 대지의 멜로디

나는 여태 내 집이 없이 살아 왔다. 어려서 자란 집은 친척들의
앞방이었기 때문에 우리 집이 아니었고, 학창 시절 동안에는 짐 가
방을 들고 이곳저곳을 헤매는 신세로 지냈다. 1945년 해방을 맞이
한 뒤로는 또다시 집 없는 살림이 시작됐다. 부친이 우리 가족의 호
주가 된 집에서 잠들어 본 날은 얼마 되지 않았던 것 같다.

지난 봄에는 겨우 자리 잡았던 어느 학교 사택을 또 떠나야만
했다. 학교를 옮겼기 때문이다. 그 후 이곳 신촌으로 단칸방을 얻어
이사를 오게 되었다. 집이 없는 사람은 머물 곳이 없기 때문에 갈
곳은 많은 법이다. 오라는 곳은 없어도 갈 곳은 많은 생태(生態). 거
지의 생활상이기도 하지만, 한때 많은 사람의 마음에 아름다운 방

랑의 꿈을 북돋아 주었던 헤르만 헤세의 심정이기도 했다.

집 없이 살아온 수십 년, 나는 그 흐르는 세월 속에서 흐르지 않는 마음의 소득을 얻었다. 자연을 사랑하는 마음과 개구리 소리에도 귀와 마음을 기울이는 자연에 대한 남모르는 그리움이다.

나는 산촌에서 나고 자연 속에서 자랐다. 작은 무명바지를 궁둥이에 걸치고 신발도 없이 버드나무 아래를 뛰어다니던, 인생의 꿈이 시작되던 때부터 나이 스물이 되어 삶의 현실 속으로 발을 옮길 때까지 자연은 내 세계였고 산과 냇물이 흐르는 마을은 나를 안아 주는 보금자리였다.

그 시절 어린 나는 이유 없이 잠 못 드는 초여름 밤들이 많았다. 그때마다 깊어지는 밤을 개구리 울음소리와 함께 지새웠다. 개구리들은 밤을 꼬빡 새우며 운다. 그러면 개구리들이 우는 사이 나는 밤이 새도록 인생의 꿈을 그려 보았다. 나의 꿈은 개구리 울음소리처럼 환상의 세계로 사라져 갔다.

나의 어린 시절에는 슬픔도 많고 고적(孤寂)도 깊었다. 슬픔이 사라지지 않고 고적이 파도 같이 밀려드는 저녁이면 나는 개구리 울음소리에 귀를 기울이곤 했다. 그리울 때도, 위로가 기다려지는 저녁에도, 푸른 하늘에 무엇인가 호소하고 싶을 때도 나는 언제나 개구리 소리를 찾아 들로 나섰다.

대지(大地)가 터져 나갈 듯이 우렁찬 힘의 멜로디, 전 우주를 채울 듯 고함치는 의지의 발로. 병약했던 나는 그 소리에서 힘을 배웠고, 희망을 잃었던 나는 그 소리를 들으며 다가오는 날들을 그려 보았다. 참으로 나의 온갖 삶의 의욕은 그 소리와 같이 땅에서 솟아올랐다고 해도 과언이 아니다.

섬나라 일본의 수도에서 보낸 몇 해. 그때도 나는 자연스럽게 개구리 울음소리가 들리는 주변 산천을 자주 찾아 다녔다. 자연은 언제나 마음의 피곤을 씻어 주었고 개구리 소리는 끝없는 용기와 희망을 약속해 주었다. 그때도 나는 여러 번 개구리 소리와 같이 짙어 가는 밤 논두렁길을 거닐며 보냈다. 권태와 피곤을 모르는 얼마나 우렁찬 부르짖음이었던가! 책상머리에 두 팔을 고이고 사색이나 공상에 잠기는 밤에 들리는 개구리 소리는 나의 모든 넋을 싣고 하늘 저편까지 날아가는 듯했다. 온갖 아름다운 얘기와 그림을 그렸다가 지우고 그려 놓은 뒤에는 다시 지우는 밤과 밤, 자리에 누운 채 별을 세어 보는 저녁과 저녁, 그렇게 개구리 울음소리와 더불어 보낸 진리와 사랑의 젊은 시절을 잊을 수가 없다.

··· 마음의 상처가
새 힘으로 채워지던 날

땀과 눈물로 세워진 학원, 학생들과 같이 만든 꽃밭, 농장, 채소

밭. 이 모든 것을 공산주의자들에게 빼앗기고 삼팔선을 넘을 계획을 세우던 밤에도 개구리는 저렇게 울었다. 젊은 열정과 일생의 뜻을 짓밟히고 울고 싶던 밤, 그 밤도 나는 좁은 방의 촛불을 끄고 저 소리와 같이 하룻밤을 새웠다.

6·25전쟁이 일어난 얼마 뒤, 나는 마침 장맛비가 그치고 맑게 갠 백제의 구도 부여에서 하룻밤을 보냈다. 방향 없는 피난길을 떠나는 서글픈 밤에도 개구리는 저렇게 울어 댔다. 조국과 민족의 앞날을 생각하면서 잠을 이루지 못하던 그 밤에도 개구리 소리와 더불어 꼬박 하룻밤을 보냈다. 아마도 먼 옛날 저 낙화암 밑에서도 개구리는 울고 있었을 것이라고 생각하니 흐느낌과 더불어 뜨거운 눈물이 흘렀다.

부산 피난살이 몇 해 동안 교회의 작은 사택에서 등잔불 아래 앉아 밤 깊도록 성서를 들췄던 때도 개구리 소리는 변함없이 들려왔다. 그러나 그때는 너무도 바쁘고 일이 많았다. 형용하기 어려운 겨레의 수난이었기에 개구리 소리는 한층 더 처량하고 무거웠던 것 같다. 젊음의 열정을 쏟아부을 일터가 없었던들, 그 감격에 찬 소리를 어떻게 그대로 보낼 수 있었을까!

서울에 와서 2, 3년 동안 나는 개구리 소리가 들리지 않고 거리만 내려다보이는 산밑에서 살았다. 그 기간 이른 여름을 맞이할 적마다 개구리 소리에 대한 향수를 금할 길이 없었다. 신촌으로 이사를 온 봄은 오랫동안 가물었다. 개구리 소리가 들릴 듯싶었는데 허사였다.

그러던 것이 어제는 온종일 비가 내렸고 오늘도 계속해서 비가 왔다. 아침에 가방을 들고 학교로 가는 길에 나는 오랜만에 개구리 소리를 들었다. 발길을 멈췄다. 지난날 언제 어디서나 들었던 변함없는 그 소리였다. 서남쪽 산너머 한강 쪽에서 끝없이 들려왔다. 학교 강의만 없었더라면 그대로 한강까지 걸었을 것이다. 그래도 의무는 감정보다 무거웠다. 개구리 소리를 들으며 교실까지 발걸음을 옮길 수밖에 없었다.

그러나 그 소리는 교실마다 시간마다 들려왔다. 점심시간에 T교수에게 "운동장 옆에 있는 가교사에서는 개구리 소리가 더 잘 들려요?" 하고 물었다. T교수는 세찬 빗소리 때문에 수업이 잘 안 되더라고 대답했다.

강의 도중에 내가 "우리 대학은 개구리 소리까지 들리니 얼마나 좋으냐"고 말하자 학생들이 모두 웃었다. 몇몇 학생은 그 말이 싱겁다는 표정을 짓기도 했다.

지금은 밤이다. 개구리 소리가 천지에 가득 찼다. 그 소리를 들으며 등불 아래 펜을 들고 있는 내 가슴은 새로운 꿈으로 채워지고 있다. 내 귀에 누군가가 속삭이는 것 같다.

"나가자, 저 소리를 들으러. 대지의 한가운데 서서 생명으로 채워진 우주의 멜로디를 들으러 가자."

나는 학교에서 철학을 강의하고 있다. 그러나 아직도 저렇게 충만한 진리와 신념의 호흡을 느껴 본 일이 없다. 《장 크리스토프》를 읽는 사람은 저자인 로맹 롤랑이 또 한 사람의 훌륭한 '개구리 애찬가'임을 발견할 것이다. 간디를 동양적 영웅의 대표자라고 했던 그는, 베토벤에게 깊은 존경과 정열을 바치기도 했다. 그리고 음악의 가치를 누구보다도 높이 평가한 쇼펜하우어는 음악은 그 자체가 생명적인 우주의 멜로디라고 말했다. 그는 서양에 처음 인도사상을 체계화해 소개한 염세주의 철학자다. 그러나 그는 이탈리아의 오페라 작곡가 로시니의 음악보다도 몇 배나 더 우렁찬 대지의 음악인 개구리의 교향곡은 못 들었을 듯싶다. 자연은 언제나 조화와 아름다움으로 가득 차 있음에도 불구하고 예술에 치우친 모든 예술가는 자연미의 진가를 잊기 쉬워서다.

나는 지금도 개구리 소리를 들으면서 구원(久遠)의 뜻을 간직한다. 과거라는 시간이 현재에 모여 들며 지난날의 삶들이 모두 한 점에 집중됨을 느낀다. 현실은 생명으로 채워지며 내일은 희망으로 부풀어 오른다. 과거의 온갖 쓰라림과 이지러졌던 마음의 상처들이 새 힘으로 채워지고, 삼팔선 이북, 섬나라, 눈물의 고도(古都), 조국의 산과 들이 어쩐지 내 작은 가슴에 모여드는 듯 느껴진다.

모든 것은 지금부터다. 참과 희망의 소식은 이제부터다. 이 밤을 저 소리와 더불어 보내고, 오는 아침은 광명한 태양 앞에 담대하게 일어서기로 하자.

나무를 심는 마음

··· 녹화운동과
건설 정신

해방을 맞이한 다음 해 어느 이른 봄날 오후의 일이다. 대학을 졸업한 30대 미만의 젊은이들이 유쾌한 잡담을 즐기고 있을 때, 한 친구가 불쑥 "만일 우리에게 3일이라는 시간만 주어진다면, 즉 3일 후에 모두 죽어야 한다면 당신네들은 그 3일 동안 무엇을 할 작정이오?"라는 질문을 꺼냈다.

처음에는 모두가 빙그레 웃었다. 재미있는 질문이라 생각했다. 모두 골똘히 생각에 잠겼지만, 역시 곤란한 문제였는지 좀체 입을 여는 친구가 없었다. 그러다가 그중 한 친구가 "무엇을 그리 생각하시오? 그것을 생각해서 아는 사람이 어디 있소? 나 같으면 그 3일 동안 부지런히 나무를 심으며 보낼 텐데…"라고 담담하게 말했다.

모두가 그의 얼굴을 쳐다보았다. 자신감과 신념에 찬 표정이었다. 벌써 10년 전후의 짧지 않은 세월이 흘렀다. 나는 아직도 그 친구를 생각하면 곧바로 나무를 심겠다던 말이 떠오른다.

그 뒤 그는 삼팔선을 넘어 남으로 왔다. 월남한 그는 지금 천안 부근 어떤 농장에 머무르고 있다. 이미 그가 사는 주변은 나무가 심겼을 것이며 올봄에도 많은 나무를 심을 것이다. 그가 공산 치하에 두고 온 나무들도 10년이 지났으니 모두 성장했을 것이다. 그중의 얼마는 정치야 어떻든 인간들이야 얼마나 악해져 가든 하늘을 향해 자라고 있을 것이다.

해마다 봄철이 되면 나무심기를 생각한다. 몇 해 전부터 귀여운 젊은 학도들이 자진하여 벌이고 있는 녹화운동(綠化運動) 소식을 듣고 있다. 가상한 일이라고 생각한다. 뜻있는 사람들이 마음으로 경의를 표하고 싶은 심정일 줄로 믿는다.

오늘날 우리 사회가 진심으로 기대하는 바가 있다면 그것은 '건설하려는 정신'일 것이다. 정치인들에게 더욱 요망하는 바가 있다면 건설하되 영원한 건설, 봉사적인 건설을 해달라는 호소일 것이다. 내일을 바라보지 못하고 오늘만 생각하는 일 처리, 전체의 공익과 자기의 이해관계를 구별하지 못하는 현실을 접할 때면 더욱 건설 정신의 결핍이 아쉬워진다.

··· 식목을 통해
마음과 정신도 자란다

척박한 현실 속에서 봄마다 나무를 묵묵히 심고 있는 젊은 학도들의 수가 늘어 가는 것은 무엇보다도 영원한 봉사의 정신이 자라고 있는 것이라 할 수 있다. 그렇게 참된 건설 의욕이 뿌리를 깊이 내리고 있는 것 같아 안도하게 된다. 나무를 심는 마음을 간직한 사람만큼 내일을 기대하는 사람도 없다. 주인을 모르는 산과 들에 나무를 심는, 봉사의 뜻이 넘치는 젊은이가 드물기에 더욱 그러하다. 이러한 건설 정신을 통해 이 강산이 더욱 푸르러지고 그와 더불어 그 정신도 더 크게 열매 맺기를 진심으로 기대하게 된다.

오늘날 상당히 많은 사람이 20대의 젊은이들을 대하면서 지나치게 공리(功利)적이고 타산적인 그들의 정서를 마땅찮게 보는 경향이 있는 것 같다. 조국의 주권을 빼앗겼을 무렵의 성스러운 의무와 감격도 소멸된 것 같으며, 개인의 지나친 자주성이 공리와 타산의 이기주의로 변해 가고 있지 않은가 하는 노파심에서 그럴 것이다. 또 일부의 뜻있는 인사들은 10대 청소년들의 지나친 난폭성과 무질서한 생활 패턴을 퍽 가련하게 바라보고 있다.

이것이 어른들이 염려하며 관심을 가져야 할 현실이라는 데 누가 반대하겠는가. 그러나 이러한 젊은 세대들을 좀 더 나무와 가까워지게 해 주고 식목(植木)과 생활을 연결할 수 있는 기회를 더 마련해 주면 어떨까 싶다. 나무를 심고 가꾸려는 마음만큼 이기적이고 이해 타산적인 마음을 시정해 주는 일도 없을 것 같다. 자라는 수목에 무슨 공리와 타산이 있으며 이기심과 강폭한 심정이 있겠는가.

이러한 점에서도 나는 학도들이 자진해서 벌이는 녹화운동에 매우 찬성한다. 이에 더하여 일선 교육자들이 봄마다 식목을 통한 학도들의 정신 수양에 관심을 갖고, 가능하다면 녹화운동을 통한 정신 교육에 더욱 적극적인 협조가 필요하지 않을까 생각한다.

'백의 공론보다 한 가지의 실천'이라는 말을 자주 듣는다. 금년 봄은 더 많은 나무가 심어지고 청년들의 보람 있는 마음과 정신이 한가지로 자라기를 기대해 본다.

해방되면서 우리 산하는 많은 나무를 잃었다. 부끄럽고 섭섭한 일이다. 전쟁을 지나면서는 더 많은 나무가 사라졌다. 원통하고 죄스러운 사실이다. 이제 젊은 학도들의 손으로 이 강산이 다시 푸르러진다면 모든 부끄러움과 죄스러움이 씻길 것 같다. 그리고 청청하게 자라는 나무 한 그루 한 그루처럼 학도들의 마음도 자주성 있는 건설 의욕으로 충만해진다면 민족과 조국에 영원한 젊음이 건설될 것이라 믿는다.

3부

가치

어리석은 진리

··· 아버지의 밑지는
약장사

　나는 어린 시절을 무척 가난하게 보냈다. 부친의 건강마저 나빴기 때문에 가정의 경제적 여유는 전혀 기대할 수도 상상할 여지도 없었다. 오직 모친의 무쌍히 건강한 두 팔에 다섯이 넘는 식구의 하루하루가 달려 있을 뿐이었다.

　산으로 둘러막힌 50호 안팎의 고요한 마을에는 아무 변화도 없이 봄이 가고 가을이 왔으나, 오직 우리 오막살이에는 피곤과 퇴락만 깃들었다. 가난에 시달린 모친의 노고와 불만은 자연히 부친을 향했고, 심한 대립과 싸움이 벌어지는 일도 한두 번이 아니었다.

　나는 항상 부친보다 모친의 편을 들었고, 부친의 무능이 나의 모든 불행의 원인인 것처럼 생각했다.

그러다 부친이 숙부와 친지들에게 약간의 도움을 얻어 시작한 사업이 약장사였다. 부친은 몇 가지 안 되는 약품들을 사서 하루에 한 번, 때로는 3, 4일에 한두 번씩 찾아오는 마을 사람들에게 그때 그때 필요한 약을 팔았다. 처음에는 상당한 기대를 가졌으나, 그마저도 가정 경제에 아무런 도움도 되지 못하는 것 같았다. 모친께서는 손해만 볼 바에는 집어치워야 한다고 야단이었다.

어느 날 오후의 일이다. 모친은 항시 삯김이나 품팔이로 나가 있었기 때문에 집에는 부친이 혼자 있거나 내가 학교에서 돌아오면 어린 동생들과 소꿉장난으로 하루해가 지는 날들이 계속됐다.

윗동네 할머니가 약을 사려고 찾아왔다. 나는 아버지에게 "누가 약 사러 왔어요"라고 반기며 방으로 뛰어 들어갔다. 부친은 반갑게 그 할머니에게 인사를 하고 배가 아프다는 손자에게 먹이라며 약 한 병을 내주었다. 할머니는 떨리고 걱정스러운 표정으로 그 약병을 받으면서 "값이 얼마나 됩니까?"라고 물었다. 부친은 잠시 생각하더니 "그거 20전만 내시지요"라고 대답했다. 할머니는 약값이 예측했던 것보다 싸다고 생각했는지 허리춤에서 흰 돈 두 닢을 꺼내주고 부리나케 돌아섰다.

나는 이상하게 생각했다. 분명히 내가 약 궤짝에서 보았을 때는 그 약병에 50전이라는 정가가 붙어 있었기 때문이다. 나는 슬그머니 방으로 들어가 꼭 같은 약병들을 들여다보았다. 모두 50전이라는 정가가 붙어 있었다. 나는 속으로 큰일났다고 생각했다. 이러다가는 우리 집이 망하겠다는 불안이 생겼기 때문이다. 항상 모친에게서 듣는 말이었다. 이따금 쪽박을 꿰차고 밥을 얻어먹으러 찾아오는 사람들의 운명이 그대로 우리 가정의 말로인 듯이 느껴졌다.

저녁에 어머니에게 그 사실을 말하고 싶었다. 그러나 그렇게 했다가는 그날은 밤새도록 모친의 불평과 슬픈 호소를 들어야만 한다. 할 수 없이 나는 다시 두고 보리라 생각했다. 나는 약병마다 정가표를 거의 외워 두었다. 그러고는 부친의 장사가 얼마나 정당한가를 엿보기로 했다. 그러나 결과는 예측했던 바와 같았다. 간혹 제값을 받는 일도 있었으나 밑져서 파는 것이 예사였고, 누구든지 약값이 비싸다고 하면 아버지는 별말 없이 깎아 주었다.

나는 더는 참을 수가 없었다. 결국 부친에게 항의를 해 보고 정 안 들으면 모친과 합세해서 약장사를 집어치우라고 하는 방법밖에 없다고 생각했다. 그러나 차마 검은 안경을 끼고 책상에 마주 앉아 책장을 들추는 부친에게 얘기를 꺼낼 용기가 나지 않았다. 그 옆에까지 가서 말을 꺼내기는 했으나 시작과 동시에 그만 눈물이 쏟아지고 말았다.

그러나 띄엄띄엄 평소 생각했던 대로 부당하다는 내용은 충분히 표시했다. 어머니가 알게 되면 얼마나 야단하겠느냐고 덧붙이지 않을 수 없었다. 부친은 한참 동안 말이 없었다. 나는 이미 꾸중을 들을 각오를 하고 있었다. 도저히 참을 수 없는 정의의 호소인 듯 느꼈던 것이다. 그런데 내 호소를 들은 부친의 대답은 내가 전혀 예상하지 못한 것이었다.

"얘야, 내가 왜 그것을 모르겠니? 그러나 가난하고 불쌍한 사람들이 약값이 비싸서 못 사다 먹게 되면 그 앓는 사람들이 얼마나 고생을 하겠니? 만일 그러다가 병신이 되거나 죽는다면 그 책임이 누구에게 있겠니?"

나는 아무 대답도 하지 못했다. 그러나 '그 말이야 옳지. 그러나 아버지는 너무나 어리석어. 돈 없는 사람의 책임이 왜 우리에게 있어'라고 속으로 말했다. 그리고 나는 부친처럼 어리석어지지는 말아야겠다고 스스로를 독려했다.

약장사는 몇 달 더 계속되다가 문을 닫아 버렸다. 당연한 결과였다. 나는 차라리 잘됐다고 생각했다. 문을 닫은 후 몇몇 동리 사람들이 약을 사러 왔다가 그대로 돌아갔다. 부친은 그들을 빈손으로 돌려보내는 일을 퍽 죄스럽게 느끼는 것 같았다. 되돌아간 그들은 20리나 떨어진 평양까지 약을 사러 가야 했기 때문이다.

··· 시대를 초월한
가치판단

20년이나 되는 세월이 흘렀다. 나는 삼팔선 때문에 부모를 모시지 못하는 괴로운 마음을 정치와 운명에 맡김으로써 약간의 위안을 얻으며 지내고 있었다. 그 무렵 원고지를 사려고 남대문 시장 앞을 지나가다가 고향서 갓 넘어온 선배 한 분을 만났다. 이북 소식과 함께 혹시나 부모님의 안부나 들을까 싶어 함께 길가 음식점으로 들어섰다.

　몇 마디 위로의 말을 주고받은 뒤 나는 "제 부모님 소식은 모르시지요?"라고 물었다. 그분은 곧 "왜요. 몇 번 뵈었지요. 물론 삼팔선을 넘었다고는 확신할 수 없지만 여전하십니다. 요사이 교회마저 정치에 이용당한다고 섭섭해 하시던데요"라고 대답해 주었다. 나는 우선 마음이 놓였고 고마운 생각이 앞섰다.

　"이남으로 간 식구가 있는 가정에 대해서는 몹시 못살게 군다던데요?"

　"그러나 김 선생 춘부장께야 누가 무어라고 하겠어요? 그 동리 위원장 노릇을 하고 있는 홍○○가 있잖아요? 그 친구를 만났더니 김 선생 춘부장을 '참으로 아까운 분이 늙었다'고 진심으로 얘기하던데요. 하여튼 세상이 어떻게 뒤집혀도 김 선생 춘부장만은 괜찮을 겁니다."

　나는 부친이 그렇게 아낌 받는 존재라고는 믿을 수 없었으나 그의 말이 반가웠고 그 마음이 더욱 고마웠다.

　그 뒤에 전쟁이 벌어졌다. 혼란과 죄악은 우리 사회를 휩쓸고 말았다. 나는 몇 해째 학교에서 철학이나 윤리 과목을 담당하면서 항상 우리의 사회, 특히 젊은이들을 위한 모럴이 있어야겠다고 생각해 왔다. 한 시대는 그 시대의 윤리를 필요로 하고, 또 그 사회의 질서와 도덕을 요청하기 때문이다.

그러나 이따금 이북에서 칠순을 맞이하셨을 부친이 그리워질 적마다 어리석어 보였던, 그러면서도 시대를 초월한 그분의 가치판단을 떠올린다.

확실히 오늘 우리 사회는 이러한 어리석은 진리의 결핍 때문에 곤란과 모순을 만들고 있지 않나 생각되기도 한다. 지혜로운 현대인들은 모든 가치의 기준을 자기에게 두고 있으며 그 내용을 생명의 존엄성이나 인간의 권위보다 실리적이며 타산적인 데에 결부시키고 있기 때문이다.

새 시대를 건설하고자 하는 좀 더 많은 정치가와 좀 더 훌륭한 외교관, 사상가들이 이러한 어리석은 진리의 소유자들이 될 수 있다면 얼마나 좋을까 하는 생각을 금할 길이 없다.

생활의 유산

··· 무엇을 위한
권세와 지위인가

'호랑이는 죽어서 가죽을 남기고 사람은 죽으면 이름을 남긴다'
는 말이 있다. 그러나 호랑이 가죽이 100년을 가는 것도 아니며, 누
구나의 이름이 다 길이 남겨지는 것도 아니다. 오히려 살이 썩고 뼈
가 사라지기도 전에 이름을 잊게 되는 것이 인지상정이다.

물론 수천 년에 걸쳐 이름을 남긴 사람들도 없지는 않다. 플라
톤의 사상은 2000년을 지나 오늘에까지 연구되고 있으며, 알렉산더
대왕의 이름도 역사책에 길이 남겨질지 모른다. 그렇다고 해서 그
들의 이름이 영구히 남겨지는 것은 아닐 것이다. 우리의 역사가 천
년대에서 만 년대로 옮아가고, 그것이 다시 100만 년대로까지 연장
된다면 웬만한 사람의 이름은 거의 다 잊히며, 아인슈타인의 이름

도 전문 분야의 몇 사람들에게나 기억될지 모른다. 게다가 이름이 남는다고 하여 선한 이름만 남겨지는 것도 아니다.

19세기 프랑스의 위대한 사상가였던 A. 콩트는 존경할 만한 업적을 남긴 훌륭한 사람들의 이름과 소수의 악한 사람들의 이름을 따서 그들이 태어난 달의 이름을 삼고 세계적인 추도 행사로 그들을 기념함으로써 인류의 교훈으로 삼자는 주장을 펼치기도 했다.

콩트는 그중 한 사람으로 나폴레옹을 예로 들었는데, 나폴레옹이 태어난 달에는 그가 얼마나 인류에 해악을 끼친 사람이었는지 사람들에게 알리는 동시에 다시는 그런 인물이 나와서는 안 된다는 뜻을 역사에 전해야 한다고 했다.

과연 나폴레옹 같은 사람의 수가 적었기에 다행이지 이런 사람이 10년마다 한 사람씩 나타났다면 인류는 지금보다 더 불행해졌을지도 모를 일이다. 결혼을 위해 전쟁도 불사하던 위인이었으니 말이다. 그러기에 그리스도는 자기를 배반하고 제사장들에게 팔아 넘긴 가룟 유다를 가리켜 "차라리 세상에 나지 않았더라면 좋을 뻔했다"는 말로 그에 대한 안타까움과 애정을 표현했다. 그런 의미에서 어떻게 이름을 남길 수 있는가 대신에 어떻게 선한 이름을 남길 수 있는가에 보다 깊은 의미를 둬야 할 것이다.

그러나 냉정히 고찰해 보면 누구나 다 이름을 남기는 것은 아니다. 극히 소수의 사람들이 얼마 동안 후대 사람들의 기억에 남을 수는 있으나 대다수의 사람은 살아 있을 때도 죽은 뒤에도 그 이름을 남기지 못한 채 사라져 버리는 것이 보통이다. 그리고 거의 모두 그런 운명에 놓여 있는 것도 사실이다.

그렇다면 우리는 마침내 무엇을 남길 것인가? 가죽을 남기는 호랑이보다 더 값 없이 세상을 떠날 것인가? 공중의 새나 들의 짐승이 이름 없이 왔다 가는 것같이 생존해 있을 때 움직이고 때가 오면 길이 잠들어 버릴 것인가?

대부분의 사람은 남기는 것이 목적이거나 아니거나 간에, 우선 돈을 벌기에 급급한 일생을 보낸다. 황금이 생의 전부인 듯이 돈을 위해 모든 정열과 뜻을 기울이며 살아간다. 물론 돈이 어느 정도 행복과 성공의 수단이자 방편이 되는 것은 사실이다. 그렇다고 돈이 목적이 되어서는 안 된다. 무엇인가 더 좋은 일을 위한 수단과 방편은 될 수 있으나 돈 자체가 목적이 되면 잘못이다. 오히려 돈을 잘 쓰면 그로 인해 이름과 고귀한 인생의 가치를 남길 수 있으나, 많은 사람이 돈을 바르게 쓰지 못하기 때문에 자신을 망치고 사회에 해악을 끼치며 부끄러움과 사회적 불행을 야기하는 때가 많다.

오직 권세를 위해 노력과 수고를 다하는 사람들도 있다. 순간의 즐거움보다 지위가 자기 성취감과 자기 보람은 물론 명성을 가져다 주기 때문이다. 옛날부터 뜻 있는 많은 사람이 이 목적을 가지고 살아 왔던 것도 사실이다.

그러나 권세나 지위도 살아 있는 동안만 의미가 있는 것이지 후세에 남길 수 있는 것은 결코 못 된다. 죽을 때 돈을 가지고 가는 사람이 없는 것같이 권세도 마찬가지다.

　오히려 이름과 더불어 고귀한 무엇을 남기기 위해 권세와 지위가 도움이 되는 것은 사실이다. 돈이 선의의 수단이 될 수 있듯이 권세와 지위도 선한 사업에 방편이 될 수 있다. 그러나 무증(誣證)과 불선(不善)을 일삼는 사람이 세력과 지위를 차지하는 것은 그 사실 자체가 악이며 사회와 민족의 불행이다. 그것은 마치 집을 짓기 위해 연장을 주었는데 그 연장으로 집을 허무는 것과 같다.

　권세와 지위는 무엇을 위해 얻으려 하는가? 역시 삶의 목적과 인생의 유산은 세력이나 지위 자체가 아님을 쉽게 짐작할 수 있다.

··· 보람 있는 업적을 남긴다는 것

　예술이나 진리를 찾는 일에 일생을 바치는 사람들도 있다. 아마도 예술의 영구성(永久性)과 더불어 그의 이름도 남을 것이며 진리의 가치와 한가지로 그의 뜻도 오래 전해질 것임에는 틀림없다. 옛날부터 우리가 존경해 왔고 그들로 인하여 문화와 역사가 빛났음은 더 말할 필요도 없다. 누구나 미와 진리의 세계를 발견할 수는 없으나 가장 보람 있는 삶의 목적인 것만은 사실이다.

여기서 미(美)나 진리보다 더 위대하고 값있는 유산을 남겨 준 인물들을 생각해 볼 수 있다. 우리가 마음을 어떻게 기르고 인격을 어떻게 가질지 만대에 그 교훈과 뜻을 남겨 준 인물들이다. 우리는 그들을 성현(聖賢)이라 부른다. 어떻게 살아야 하며, 살아가면서 무엇을 추구할 것인지, 우리의 정신과 인격이 어느 곳을 지향해 가야 할지 가르쳐 준 위인들이다. 인간이 가지고 있는 영원한 문제들과 마찬가지로 오래도록 존경받을 사람들이다.

그래서 이런 성현들은 인류의 전 역사를 통틀어 10명을 넘지 않는다. 그마저도 역사의 위대한 전환기에 몇 사람이 나타났을까 싶을 정도로 그 수가 적다. 결과와 정도의 차이는 있을지 모르나 우리 모두가 이러한 인간 형태의 어느 한 부분에 속하는 것만은 사실이다. 어느 것이 더 귀한지에 대한 생각은 차치하고라도 이것이 참다운 인간이며 이렇게 살다가 세상을 떠나는 것이 인생임은 더 말할 필요가 없다.

돈을 많이 벌어 훌륭한 사업을 남기고 싶은 사람도 있을 것이며, 권세와 지위를 가지고 남들이 하지 못하는 업적의 금자탑을 쌓기 원하는 사람도 있을 것이다. 아름다움과 진리를 찾아 생의 의미를 깊이 해석해 보고 싶은 마음도 가능하다면 어찌 마다할 것인가.

그러나 생각을 진전시켜서 이름을 남긴다는 것은 바위에 이름을 새겨 두는 것 같은 물질적인 결과가 아니다. 그것은 무엇인가 보람 있는 업적을 남긴다는 의미다. 무엇을 남기는 것이 결국은 어떻게 살며 무엇을 해 왔는가의 결과이기 때문이다. 얼마나 참되게 살아 왔으며 얼마나 수고와 봉사를 해 왔는가, 누구를 위하여 땀을 흘렸으며 어떤 선의의 결실을 위해 고통과 불행을 참아 왔는가가 문제인 것이다.

··· 영원을 향한 갈망과 사랑

나는 이러한 문제를 거듭 생각해 오는 동안 요사이 지극히 작은 한두 가지 해답을 얻었다. 나 같은 사람이 어떻게 천추(千秋)에 사업과 업적을 남기겠는가. 그렇다고 예술이나 진리를 통해 이 세대에 봉사하기에는 능력이 부족하고 이미 자신감이 없어진 지도 오래다. 그렇다고 여생을 스스로 허송할 수는 없지 않은가.

그러나 지극히 부족한 나에게도 한 가지 가능한 길이 있는 것 같다. 그것은 '아낌을 받는 사람'이 되어 보자는 마음이다. 유명하거나 세력 있는 사람이 되기 전에 가정에서, 친구들 사이에서, 직장에서 만나는 내 주변의 모든 사람에게 아낌을 받는 사람이 되고 싶다.

내가 작은 마을로 이사 갔을 때 이웃사람들이 아껴 주고, 내가 직장을 떠날 때 동료들이 마음으로부터 아쉬워하며, 직장과 사업 터를 옮길 적마다 이웃과 친구들로부터 아낌 받는 존재라고 느낀다면 얼마나 좋을까. 나를 아껴 주는 사람들의 마음에 오래 오래 나의 인상과 마음이 남겨질 수 있다면 그 얼마나 즐겁고 감사한 일인가. 지극히 적은 수의 사람들일지라도 진심으로 나를 아껴 준다면 그것으로 족할 것 같다.

어떤 사람은 지위와 권세로 많은 사람의 선망의 대상이 되기도 한다. 그러나 그 생의 마지막을 가정해 볼 때, 자신과 더불어 삶을 같이하고 있는 이웃들에게 참으로 아낌을 받는 사람이야말로 보람 있는 인간이며 값있는 삶을 살았다고 해야 할 것 같다.

그리고 또 한 가지 기대하는 바가 있다면, 무엇인가 영원한 것을 찾다가 죽고 싶다는 것이다. 인간은 누구나 상대에서 절대를, 시간에서 영원을 찾아 살도록 창조된 존재라고 믿는다. 모든 노력과 가능성은 그것을 위해 존재하며 온 힘과 생명도 그것을 위해 바쳐져야 할 것이 아닌가 생각한다. 물론 그 일을 위해 예술이 있었고 진리가 나타난 것은 더 말할 필요도 없다. 그리고 인류의 모든 수고와 노력이 이미 영원의 제단에 바쳐져 왔던 것이 사실이다.

그러나 내가 여기에서 영원한 것을 위해 살고 싶다고 한 것은 결코 명성이나 지위나 수입과 관계되는 내용이 아니다. 또 그것을 통해 이름을 길이 남기고 싶다는 욕망에서 하는 말도 아니다. 아낌을 받는 사람이 사랑과 봉사의 생활에서 연유된 것이라면 영원을 위한 생활은 끝없는 탐구와 갈망의 삶을 말하는 것이다. 그것은 오히려 고통일 것이며 끝없는 순례의 생활일지도 모른다.

때로는 심한 고독과 예외자(例外者)로서의 번뇌가 찾아들지도 모른다. 그러나 인간은 이 영원이 없이는 살 수 없는 시간적 존재이며, 유한의 잣대로 무한을 재야 하는 운명이다. 이러한 영원을 받아들이기 위하여 인간은 가장 지성스러운 노력을 다해 왔다. 이 영원을 향한 갈망과 기대 없이 어떻게 생을 지속해 갈 수가 있겠는가.

누군가 무엇을 남기고 싶은가 내게 묻는다면 '영원을 향한 사랑'이라고 대답하고 싶다.

내가 싫어하는 것들

　장자크 루소는 "나는 생각하기 전에 먼저 느끼기 시작했다"라는 말을 남겼다. 그러나 그것은 모든 사람에게 공통된 과정이었을 것이다. 먼저 원하고 느끼고 그 뒤에 아는 것이 일반적일 듯싶다. 그렇기에 합리적이며 객관적인 것이 확증되기 전에 우리는 먼저 느끼고, 후에 좋고 나쁜 것을 가리게 된다.

　진리가 판단 기준이 되는 한 이해하고 느끼는 인식의 순서는 대단히 중요하다. 갑을 먼저 미워하는 사람은 그의 좋은 점도 나쁘게 보는가 하면, 을을 사랑하는 사람은 그의 부족한 점들도 오히려 미완성의 미로 여긴다. 꽃의 아름다움이나 이성(異性)의 미(美)는 지(知)에 의한 합리적인 판단보다 오히려 애증(愛憎)의 정이 더 많이 작용한다.

　적국(敵國)에 대한 분노, 불의에 대한 증오 같은 강한 마음의 발로는 오히려 이러한 정의의 힘인 동시에 지성의 이(理)를 포함한 힘의 판단이다.

따라서 무엇인가를 좋아하는 데는 이유가 없으며, 싫어하는 데
도 반드시 조건이 먼저 제시되는 것은 아니다. 무조건 싫은 것이며
이유를 따지기 전에 먼저 미워지는 것이다. 이러한 연유로 나는 다
음과 같은 것들을 싫어한다.

··· 관능의 멜로디 재즈에
대한 거부감

음악을 모를 때에도 나는 재즈가 싫었으나 음악을 좋아하기 시
작한 뒤에는 더욱 싫어졌다. 그리고 재즈를 즐기는 흑인들이나 미
국의 일부 인사들의 생활 모습도 나는 그리 좋아하지 않는다.

이따금 라디오를 돌리다가 재즈가 흘러나오면 나는 성당에서
벌거벗은 여인을 보는 것 같은 혐오감을 느낀다. 더욱이 그것이 헨
델이나 베토벤의 말기 음악을 듣고 난 뒤라면 거의 생리적으로 재
즈에 대한 증오를 느낀다. 그리고 온종일 이러한 음률(音律) 속에 살
고 있는 사람들의 기분을 도무지 상상할 수가 없다.

나는 나 혼자서 이렇게 생각해 봤다. 재즈는 아마도 흑인들의
폭발하는 관능의 멜로디일 것이다. 야성적이고 자극적이며 발바닥

까지 흥분시켜 머리를 발로 만들고, 발을 머리에 끌어올리기까지 망아(忘我)와 흥분에 잠기려는 마주(魔酒)의 음률일 것이라고. 이러한 재즈가 종교인의 노래가 되고 점잖은 사교장의 멜로디로 바뀔 수 있다는 것은 나로서는 도저히 이해할 수가 없다.

학창 시절, 한 친구로부터 "백인은 과학으로 흑인을 정복하고 흑인은 재즈로 백인을 정복했다"라는 우스갯말을 들은 적이 있다. 그렇다면 백인은 흑인의 육체를 정복했고 흑인은 백인의 마음을 지배한 것이 되지 않을까. 나는 요사이 이 재즈라는 검은 관능의 멜로디가 종교계의 성가 영역에 침투한 것을 퍽 안타깝게 생각한다. 참으로 슬픈 현상이다. 그러기에 나는 미국인들의 많은 점을 존경하나 재즈 음악과 연관시켜 생각할 때는 언제나 그들의 문화에 대해 하나의 의문부호가 남는다. '우리 사회에도 재즈 음악이 가득 차게 되는 때가 오리라.' 누가 이렇게 말한다면 나는 살맛이 없어지고 만다.

··· 피곤을 더하는 다방과
허식을 좇는 결혼식장

학생 때 이따금 다방(茶房)을 찾았었다. 주로 음악이 그립거나 책상에 앉아 있기에 권태를 느낄 때였다. 다방에 가면 음악이 있었고, 그곳에서 벗들의 좋은 우애가 자랐다. 그러나 부산에서 환도한 뒤부터 나는 의식적으로 다방이 싫어지기 시작했다. 해방 후부터 부산 피난살이까지 도회지의 설움을 다방에서 위로받는 즐거움 정도는 있어도 좋을 것 같은데 도무지 다방은 마음에 들지 않는다.

왜 그런지 그 이유를 따져 보지는 않았다. 그러나 서울에는 다방이 너무 많다. 많아서 귀한 것은 세상에 없는 법이다. 이름에 고아(高雅)한 맛이 없어서이기도 하지만 내부 구조와 장식이 예술적이지 못해서 더욱 그렇다. 일 때문에 다방에 들어가 앉으면 불안을 감출 수가 없다. 담배 연기가 온몸을 휘감는다. 들려오는 잡담과 부질없는 소화(笑話)가 귀의 휴식을 완전히 깨 버린다.

눈 둘 곳 없는 곳도 역시 다방이다. 다방에 모여든 사람들의 얼굴이 어쩌면 그렇게 행복과 조화를 잃은 군상들인지, 동물원은 마음을 부드럽게 해 주나 다방은 권태와 피곤을 더해 줄 뿐이다. 앉아 있다 보면 한 점의 맑은 공기와 푸른 하늘이 그립다. 그럼에도 불구하고 다방은 나날이 늘어만 간다.

어떤 이는 다방을 문화의 온상이라고 말한다. 사실이 그렇다면 큰일이다. 다방에서 무엇이 흘러나오는지 잘 알고 있기 때문이다. 그렇다고 다방이 없어지기를 바라지는 않는다. 나도 좋아할 수 있는 다방이 생기길 바랄 뿐이다.

나는 서울을 그렇게 좋아하지도 않으며 사랑하지도 않는다. 그리고 매일 늘어 가는 다방은 한층 더 나로 하여금 서울을 멀리하고 싶게 만든다.

한편, 결혼은 축복의 예전(禮典)이다. 그러니 식이 이루어지는 장소가 싫기야 하겠느냐마는 식장의 비예술성과 반시대성에는 싫은 마음이 생기지 않을 수 없다. 그 무수히 늘어선 색줄들과 울긋불긋한 장식들, 억지로 엄숙하게 보이기 위한 배경과 촛불, 한없이 많은 조화. 나는 그 모든 것이 무엇을 위해 있는지 모르겠다.

지난겨울 지방의 어느 예식장에 갔었다. 그때 나는 이곳이 오히려 장례식장이라면 더 좋지 않을까 생각했다. 꽃이 없으면 말 것이지 조화를 그렇게 늘어놓은 것이 이해되지 않았거니와 신부의 품에 안긴 조화도 그 식장에서 두고두고 여러 사람이 사용하는 듯싶었다. 나는 어떤 벗이 '꽃을 꺾어서 화병에 꽂은 것을 보면 동물의 목을 잘라서 장식하고 즐기는 야만인들'이 생각난다던 말이 떠올랐다.

얼마 뒤 나는 서울 시내의 두 예식장에 다녀왔다. 그리고 지방의 그 식장이 바로 서울 식장들의 지점인 것을 발견했다. 나는 지금도 새로운 축복의 삶이 시작되는 결혼식장이 왜 그렇게도 음산하고 허식적이고 조화롭지 못하고 인공적인지 이해하지 못한다.

수십 년 전인 듯싶다. 세계적인 성악가가 서울의 어느 공연장에서 독창회를 가졌다. 그는 무대 뒤의 화려한 배경을 보고 놀라워했다. 그리고 저것을 모두 걷어 치우고 검은 휘장만 늘어뜨려 달라고 요청했다고 했다.

나는 결혼식에 참석할 때마다 식장이 싫어진다. 오히려 근교의 고요한 숲을 택했으면 얼마나 좋을까 생각해 보는 때가 많다.

··· 여성의 고귀함을
잃어버린 정치가

나는 소위 정치적인 여성들을 존경하고 훌륭하다고 생각하지만, 그렇게 좋게 생각하지는 않는다. 물론 여성 정치가 전부를 말하는 것은 아니다. 세상에서 흔히 듣는 정치적인 여성을 의미한다. 그러기에 나는 정치를 논하는 여성들의 얘기를 들을 때면, 저들이 예술을 말하고 재미있는 생활담을 얘기한다면 얼마나 좋을까 싶을 때가 자주 있다.

여성은 수단이 없기에 강하고, 단조로운 마음 때문에 아름다우며, 고요하고 온화로움이 덕성이 아닌가 생각한다. 고함을 지르는 웅변보다 차근차근 호소하는 모습이 얼마나 여성스러우며, 지나치게 강하게 주장하기보다 부드럽게 진실을 전달하는 아름다움이 얼마나 고귀한가.

물론 오늘날 우리 사회에 선구적인 여성들의 활약이 중요하다는 사실은 더 말할 필요도 없다. 그러나 좋은 아내, 어진 어머니로서의 미와 덕은 다른 모든 것보다도 여성들의 생명이며 가치가 아닌가 싶다. 정치도 귀하다. 그러나 여성 특유의 아름다운 감정을 소멸시키면서까지 정치의 추종자가 될 필요는 없지 않을까 한다.

더 말하면 책망이 있을까 두렵다. 그러나 정치성이 없는 남성을 못마땅하게 여기는 여성들이 퍽 많은 때이니만큼 나 한 사람쯤 지나치게 정치적인 여성을 좋아하지 못한다 해도 용서받을 것이라 믿는다. 생각해 보면 아끼고 사랑하는 사람들에게 더 많은 지적과 비판을 하게 되는 법이다. 보다 아름다운 여성, 보다 참된 여류 정치가가 나타나 주기를 기대하는 마음에서 소위 정치적인 여성들을 좋아하지 못하는 심정이라고 생각한다.

그렇다고 쾨베르(Raphael Koeber)처럼 정치를 운운하는 여성들을 보면 고개를 돌릴 정도로 혐오하는 것은 아니다. 참사람이 된 뒤에 정치가가 된 사람이 있는가 하면, 겉으로 정치적으로 되어 버린 나머지 여성의 고귀한 아름다움을 상실한 사람이 더 많아지지 않기를 바라는 마음뿐이다.

좋은 사람은 선한 것만을 발견하고 나쁜 사람은 악한 것만을 보는 법이다. 이런 글을 쓰고 있는 나도 후자에 속하는 듯싶다. 그러나 싫은 것이 변하여 미워하는 것이 되면 문제가 다르다. 그것은 이미 의지적이며 행동을 전제로 하기 때문이다. 나는 지금 미워하는 것에 관해서는 언급하고 있지 않았음을 덧붙여 둔다.

보이지 않는 계산

··· 미의 향연에
잠기는 즐거움

일본 유학 시절, 진눈깨비가 몹시 퍼붓는 저녁 때였다. 좁은 거리의 전등불마저 희미하게 보일 정도로 거의 빗줄기에 가까운 함박눈이 지붕, 가로수, 질퍽질퍽한 보도에 쉴 새 없이 떨어지고 있었다.

H선생 댁을 방문하고 저녁 때가 거의 다 되어서 문밖을 나섰기 때문에 이미 어둠이 짙게 깔려 있었다. 이마와 뺨에 내려앉은 눈이 외투에 떨어지는 대로 물방울이 되다시피 했다. 늦은 겨울의 하늘은 갤 것 같지 않았다.

나는 하는 수 없이 어떤 책방으로 피해 들어갔다. 반 시간이나 책장을 들추며 시간을 보냈는데도 눈은 여전했다. 더 머뭇거리기도 미안해서 문밖을 나서려는데 얼핏 눈에 띈 것이 '르네상스'라는 다방 간판이었다.

흥미로운 이름이기도 하여 얼마동안 눈도 피할 겸 문을 열고 들어섰다. 명랑하게 전등이 빛나고 예쁜 아가씨들이 차를 날라다 주는 다방이기를 바랐다. 그러나 나의 기대는 보란 듯이 어긋났다. 전등은 동굴 속에 촛불을 켜 둔 것처럼 어두침침했고, 석상(石像) 같은 위인들이 쫑그리거나 머리를 숙이고 앉아 있었다. 천장을 바라보면서 앉아 있는 이도 있었다. 캄캄한 벽에는 여러 음악가의 초상들이 걸려 있었다. 다방이 아니라 명곡 감상실이었던 것이다.

나는 흥미를 잃었다. 나를 알고 있는 모든 사람은 내가 음치라는 것을 잘 알고 나도 그렇게 인정하고 있다. 초등학교 졸업시험 때 '도레미파'를 풍금에 맞추어 부르는데 '도레미파솔'까지 내 모든 음역을 써서 올라갔다가 '라시도'는 다시 내려올 수밖에 없을 정도였다. 동급생들이 온통 웃어 댄 것은 말할 것도 없다. 아홉 살, 열 살 때쯤의 일이다. 학교에서 배운 노래를 집에 돌아와 흥에 못 이겨 부른 때가 있었다. 그때 부친께서는 "애야, 그만해라. 목 아프겠다. 돼지 배 앓는 소리 같구나…"라고 말씀하셨다.

이렇게 음악과는 담을 쌓고 살던 나였기에 명곡이 흐르는 좁은 다방에서 몇십 분 견디는 것은 쉬운 일이 아니었다. 게다가 공간마저 어두워서 책을 볼 수도 없었다. 주위에 화석처럼 앉아 있는 친구들은 모두 심각한 표정의 조각품들과 비슷한 모습이었다.

'에라, 이럴 바에야 나도 꾹 참고 음악이나 감상해 보자'고 억지로 흐르는 멜로디에 귀를 기울였다. 그러나 얼마나 신기로운 일인가. 10분, 20분 동안 나는 음악에 점점 깊이 빨려 들어갔다. 거의 한 시간 반이나 되는 긴 시간을 완전히 도취된 상태로 보냈다.

얼마 뒤 문을 열고 눈 덮인 거리를 걸어 나오는 내 발자취마다 아직도 완전히 가시지 않은 음조가 남아 있었다. 나는 밤 깊도록 자리에 누워서 몇 가지 단편적인 멜로디에 사로잡혀 있었다. 일생을 가난과 불우한 환경에서 지내 온 나에게는 참으로 음악다운 음악을 들을 기회가 한 번도 없었다. 기껏해야 학생들의 독창이나 합창을 들었을 뿐이었다.

그날 이후 나는 강의가 끝나는 대로 음악 감상실을 겸한 다방에 가서 두세 시간을 보냈다. 어떤 때는 휴강을 하면서 음악을 들으러 갔다. 과거에는 오락이나 취미가 영화관람이나 산책 같은 것에 국한되어 있었다. 그러나 음악을 듣기 시작한 다음부터는 영화관람이나 친구들과 잡담하는 시간은 거의 없어지고 말았다. 때로는 하루에 다섯 시간 혹은 그 이상도 음악을 들을 때가 있다.

그렇다고 기술적으로 악보를 보거나 악기의 이름을 아는 것은 아니었다. 그저 들으면 좋고 나대로 시정(詩情)과 아름다운 정서에 도취되는 것뿐이었다. 한동안 음악은 나의 친구가 되고 애인을 대신해 주는 것 같았다. '예술은 이런 것이다'라고 어렴풋이 느끼기 시작했기 때문이다.

그 뒤 나는 처음 내게 감흥을 줬던 그 바이올린 소나타가 누구의 작품이고 제목이 무엇인지 무척 알고 싶었으나 알 길이 없었다. 나중에 그 곡이 베토벤의 작품이었던 것만은 쉽게 짐작했으나 작품 몇 번인지를 알지 못한 채 고국으로 돌아와 버렸다.

해방 후 나는 바이올린을 전공하는 친구에게 그 얘기를 했다. 친구는 짐작이 가는 듯 가만히 생각하더니 얼마 뒤에 들려 준다고 약속했다. 그러면서 "틀림없이 소나타 ○번인 듯싶다"고 말했다. 나는 친구 덕분에 그 곡을 다시 한번 들을 수 있었다. 그러나 물론 그때의 감격은 다시 재생되지 않았다.

이렇게 몇 해를 보내는 동안 나는 음악과 무척 깊은 인연을 맺기 시작했다. 레코드를 가지고 있지 못했기 때문에 자주 라디오에 귀를 기울여야 했으나, 그래도 음악은 즐거움을 담뿍 실어다 주었다. 미국에 가 있는 K가 돌아오면 이따금 듣고 싶은 곡을 골라 듣게 되기를 기다리기도 했다. K는 자주 좋은 음악감상 시간을 제공해 주었고 내 생일마다 곧잘 레코드를 들려 주었기 때문이다.

그러나 이러한 미(美)에 대한 감각은 때때로 대단한 사치스러움을 가져올 때가 있다. 예를 들면 오늘같이 피곤한 저녁에는 멘델스존의 바이올린 협주곡을 세계적 바이올리니스트 프리츠 클라이슬러(Fritz Kreisler)의 부드러운 연주로 듣는 것이 좋다든지, 지나치게 기교에만 치우친 현대적인 연주에는 적지 않은 혐오를 느끼게 되는 것이다.

그러나 보다 심한 악습이 생겼다. 그것은 레코드를 통해 듣는 귀가 높아져서 주변의 음악은 통 들을 수 없게 되었다는 적적함이다. 몇 번 음악회에 가 보았으나 갈 적마다 불만과 허전함을 느껴 음악회에 가는 일은 거의 단념해 버리고 말았다. 때때로 라디오를 돌리다가 흘러나오는 관현악에 귀를 기울이기도 하지만 거칠고 조잡한 음향이 섞여 나오면 그만 채널을 돌려 버리고 만다.

그러나 나는 그러한 나의 사치를 책하지는 않는다. 진리나 윤리에는 의무가 있을지 모르나 아름다움에는 의무도 책임도 있을 수 없다고 생각하기 때문이다. 독일이나 오스트리아 같은 음악의 나라에서 살아 보고 싶다는 생각이 들기도 한다.

밤늦도록 원고나 독서에 시달리다가 모든 것을 잊고 아름다운 음악에 잠기는 시간이 얼마나 행복한지 경험해 본 사람이라면 누구나 알 것이다. 세속적인 잡념과 온갖 피로 속에서 헤매다가 한 시간 동안 미의 향연 속에 잠기는 즐거움이 어떠한가는 아는 사람만이 누리는 축복이다. 참으로 아무노 빼앗아 갈 수 없고 나 자신도 버릴 수 없는 고귀한 재산의 한 부분인 것처럼 느껴진다.

··· 그림이 주는
위안과 행복

내게는 음악 외에 고귀한 정신적 재산이 또 하나 있다. 음악에 접촉한 뒤 1년쯤 지나서의 일이다. 일본 유학생으로 고학을 해야 하는 상황에서 직장을 바꾸게 되었는데, 어쩌다 일본 국립미술관 지하에 있는 식당에서 일을 하게 되었다.

일요일은 말할 것도 없고, 봄과 가을에는 전람회가 계속 이어져 낮 시간의 번잡함이 이를 데 없었다. 처음에는 약간의 사무와 수금 관련 일을 맡아 보았으나 강의와 독서로 지친 머리를 다시 괴롭히는 것이 싫었다. 건강에도 좋지 못하므로 얼마 후에는 주로 육체를 움직이는 일로 바꾸어 버렸다. 노동이라기보다 차라리 운동을 하는 셈치고 경쾌한 기분으로 일할 수 있었기 때문이다. 식당이니까 먹을 것은 얼마든지 있었다.

나는 나면서부터 재능을 가져야 하는 예술에는 소질이 전무했다. 재작년 여름 어느 집회에 초청을 받아 동해안 어떤 초등학교의 교실에서 몇 시간 머문 적이 있었다. 교실 벽에는 전 학급 아이들의 그림이 가지런히 붙어 있었다. 나는 몇몇 일행과 같이 그림 구경을 하다가 "자, 여러분은 이 아이들같이 초등학교 4학년 때 어떤 그림들을 그렸습니까? 자기 것 같다고 생각되는 것들을 하나씩 골라 보세요?"라고 내가 제안했다. 모두 상당히 잘 그린 그림들을 골라 잡았다. 그러다가 옆의 친구가 내게 "김 선생은 어떻소?"라고 물었다. 나는 색은 너무 옅어서 우습고 그림은 구석에 몰려서 가엾을 정도로 이지러진 그림을 골랐다. 모두들 웃었다. 익살맞은 친구가 "그렇다면 초등학교 성적도 뻔했겠구먼. 다시 보아야겠는데…?"라고 놀려 댄 적이 있었다.

　아닌 게 아니라 나는 미술전람회에서 여러 번 특선에 뽑히는 초등학교 3학년짜리 아들을 속으로 얼마나 부러워하고 있는지 모른다. 지금 그림을 그린다 해도 그 녀석을 따라갈 자신이 없는 것이 사실이다. 지난여름 덕수궁에 걸려 있는 아들의 그림을 보면서 "아무래도 세상은 불공평해"라고 말했더니, 아내가 "당신 손재간이야 특제품이니까 말할 것 있어요? 난 아직 당신만큼 못 쓴 글씨는 본 적이 없어요"라고 판단을 내렸을 정도다.

　이런 나였기에 고학생 시절에도 훌륭한 미술품들이 즐비한 미술관 아래층에서 한나절이나 음식 접시를 나르면서도 좀체 위층에 올라가는 일이 없었다.

　어느 날 오후였다. 우리 식당의 주인이 명함을 주면서 어제 요코야마 다이칸(橫山大觀) 화백 옆집에 불이 나서 몹시 놀라셨을 것 같으니 가서 안부 인사를 전해 달라는 부탁을 받았다. 나는 속으로 그 집에 불이 난 것도 아닌데 놀랐겠다고 인사를 가는 쑥스러운 일이 어디 있는가 하고 마땅치 않게 생각했다. 그러나 화가의 얼굴도 볼 겸 고된 일에서 잠시 해방되는 여유도 누릴 겸 옷을 갈아입고 식당을 나섰다.

　그런데 막상 그 집에 도착했을 때는 모든 예측이 어긋났다. 문안객이 너무 많아 차를 피해 걸을 수 없을 정도인 데다가 화백의 얼굴을 보기는커녕 비서에게 명함을 전하고 오는 일도 쉽지 않았다.

나는 돌아오기 전에 위층 전람회장으로 올라갔다. 그의 그림이 보고 싶어서였다. 제2실 가장 좋은 자리에 그의 커다란 그림이 걸려 있었다. 〈유전(流傳)〉이라는 제목이 붙어 있는 작품이었다.

그림에는 어떤 농부가 아직 안개가 채 가시지도 않은 가을 산길을 분주히 걸어가고 있다. 이른 새벽에 시장으로 채소를 팔러 가는 길인지 긴 지름대에 달린 앞 뒤 광주리에는 채소가 가득 실려 있다. 바로 그때 농부의 발소리에 놀란 새 한 마리가 푸드득 날개를 치는 바람에 단풍 몇 잎이 한들한들 떨어진다. 농부는 머리를 들어 떨어지는 단풍잎을 쳐다보면서 '아! 벌써 가을인가!' 싶은 표정을 하고 있다. 깊은 산골짜기는 여전히 고요하고 발밑에는 시간을 상징하는 듯 맑은 냇물이 단풍잎을 실은 채 흘러가고 있다.

대체로 이런 내용의 그림이었다. 나는 거의 반시간 동안 그 그림 앞에 서 있었다. 그날 나는 화백의 집을 나서며 그림을 좀 더 볼 수 없느냐고 물었다. 몇 폭의 그림을 소개받았다. 그중에 아직도 잊을 수 없는 한 폭은 〈무아(無我)〉라는 제목의 그림이었다. 맑은 냇가에 어린 소년이 나막신 끈이 끊어진 채 서 있는 가련하고도 애달픈 광경이었다.

그날의 일이 계기가 되어 나는 그림을 가까이 하기 시작했다. 일 년 반 동안 나는 거의 매일같이 그림을 볼 기회를 가졌다. 얼마나 행복했는지 모른다. 미술 전집을 책상에 펴게 된 것도 이때였고, 미술관을 찾아다닌 것도 그때부터였다. 지금도 종종 한두 시간씩

화집을 들추며 모든 잡념을 잊어버리는 때가 있다. 그림과 더불어 마음의 안정을 가져 보기도 하고, 그림을 보며 잃어버렸던 조화와 충족감을 느껴 보기도 한다.

물론 큰 기대를 갖지는 않지만, 가을마다 한 번씩 열리는 국전을 보는 것도 심미적(審美的) 연중 행사의 하나 같아서 기다려진다. 일 년 동안 본 그림 중에 서너 점의 그림들은 오래도록 인상에 남기도 한다. 학교 도서관에서 긴 독서나 사색으로 피곤을 느꼈을 때 좋은 그림을 보는 위안은 무엇이라 말할 수 없는 행복감을 가져다 준다.

세상의 모든 소유물은 언젠가 나를 떠나기 마련이다. 돈도 재산도 지위도 그렇다. 그러나 눈에 보이지는 않으나 언제든지 나와 더불어 있고, 누구도 빼앗을 수 없는 재산이 있다. 조화와 행복을 가져오는 미의식(美意識)이다. 아름다움을 안다는 것은 부와 명성에 못지않은 나의 소유인 셈이다.

보람 있는 비극

··· 바다를 메우려고
각오한 산새의 운명

중국에서는 옛날부터 다음과 같은 전설의 산새 이야기가 전해 내려온다.

대륙 깊은 곳에 살고 있던 한 마리의 산새가 어느 날 넓은 바다를 구경하게 되었다. 사방을 둘러보아도 끝없는 물뿐이었다. 작은 새는 어쩌면 저렇게 많은 물이 고여 있을까 생각하며 하도 신기한 나머지 산에 수없이 굴러다니는 돌들로 바닷물을 메워 보리라 결심했다.

새는 종일 산에서 돌을 물어 날랐다. 그러나 바닷물은 아무런 변화도 없이 넘실거릴 뿐이었다. 다음 날도, 또 그다음 날도 계속 돌을 옮겼으나 물은 처음이나 다름없이 바다에 넘쳤다. 며칠이 지났다. 새는 피곤과 고달픔에 지쳐 버리고 말았다. 어느 날 오후 돌을 입에 문 새는 그대로 바다에 떨어져 죽고 말았다.

태평양 전쟁이 격심했을 때, 장제스(蔣介石) 총통과 갈라져 일본 측과 관계를 맺고 있던 중국의 애국자 왕징웨이(汪精衛)는 이 새의 이름인 '정위(精衛)'를 자기의 아호로 삼았다. 그는 스무 살 전후의 젊은 나이에 웅지를 품고 황제의 수례에 폭탄을 던져 사형을 언도 받은 바 있었으며, 일평생 민족을 위해 살다가 끝까지 애국자로서의 지조를 굽히지 않고 일본인에게 죽임을 당한 인물이다.

그가 10억을 헤아리는 무지하고 불행한 중국 백성에게 보람 있는 봉사와 아낌없는 희생을 각오했을 때, 스스로를 이 전설의 산새에 비유하고 싶었던 것이다. 새의 약한 날개와 한두 알의 작은 돌에 비하여 바다는 너무나도 넓고 깊었다.

그러나 이러한 얘기는 그저 비유나 전설에만 있는 것은 아니다. 우리가 살고 있는 세계와 역사에는 오히려 이보다 더 진실하고 눈물겨운 사연들이 많다.

어떤 사람은 인생을 그린 비극의 본질을 말하면서, 비극이란 선과 정의를 지키기 위해 애쓰는 사람이 악과 불의 때문에 희생당하는 것이라고 설명한다. 이때 그 사회는 이 선의 희생 때문에 보존되는 것이며 그들의 피와 생명의 값으로 사회질서를 찾고 그들에게 진 빚으로 가치를 얻는 것이다. 그리고 그것이 바로 발전하는 역사의 모습이다.

수억의 인도 대중을 위해 대영제국에 맞서 투쟁했던 간디의 일생은 무엇을 의미하며, 아테네 시민들의 무지와 어리석음을 슬피 여기면서도 혼연히 독약을 받아 마셨던 소크라테스의 죽음은 무엇을 뜻하는가.

　　오늘날의 우리는 지나치게 공리적이고 타산적이어서 얕은 지혜에 붙잡혀 사는 것 같다. 인간적인 공리성에 호소하면 그리스도의 십자가는 어리석음의 대표가 될 것이다. 이 세상에 대가 없는 희생을 자진해서 달게 받을 사람이 어디 있겠는가. 간디도 작고하기 전 자신의 마지막 생일에 찾아온 기자들에게 자기는 고독했다고 고백했으며, 지난날의 진실한 호소들이 반향도 없이 쓸쓸히 사라지는 것 같다고 소회를 밝혔다.

　　그의 최후는 얼마나 비참했는가. 종교적 대제일에 제전으로 발걸음을 옮기고 있던 70이 넘은 성자는 어느 동족 청년이 쏜 무서운 흉탄에 가슴을 맞고 쓰러졌다. 더 안타까운 것은 청년을 축복하려고 오른손을 그의 머리 위에 얹고 있는 간디의 늙고 여윈 가슴에 흉탄이 날아들었다는 것이다. 동족을 위하여 얼마나 여러 날을 굶었고 얼마나 많은 눈물을 흘렸는가. 또한 감옥에서의 괴로움조차 달게 받았던 그가 아니었는가.

　　이것이 인간 세상이다. 우리의 역사다. 캄캄한 밤길을 헤매고 있는 인도 대중의 유일한 불빛마저 꺼 버리고야 마는 것이 그들의 역사이며 역사에 따르는 심판이다.

··· 희생과 수고 없는
열매는 없다

우리가 살아가고 있는 오늘은 분명 이러한 위인들의 눈물과 피, 생명의 대가다. 그들의 희생이 오늘 우리의 사회질서, 아니 삶을 보존해 주고 있는 것이다.

눈앞의 이익에만 혈안이 된 현대인의 공리성, 한 치 앞도 내다볼 여유 없이 당장의 것만 볼 줄 아는 약은 지혜, 오늘의 수고와 내일의 소득을 저울질해 보고야 움직이는 처세술로는 상상도 못할 일이 아닌가. 그러기에 파스칼은 인생은 도박이어야 한다고 말했고, 키르케고르는 '돌다리도 두들겨 보고 건너야 한다'는 격언을 비웃었던 것이다. 도박이 없는 곳에 영원이 없으며 현실과 실제의 가치는 세속적인 퇴락을 더하기 때문이다.

역사를 공리적인 면에서만 판단하여 우리의 눈으로 보아 어리석었던 과거를 모두 제거해 버리면, 인류의 빛과 역사의 영광스러움은 과연 어디에 있다고 할 수 있을까? 오늘날 모든 인간이 이러한 이타적인 지성(至誠)과 희생을 거부한다면 우리 사회는 어떻게 될 것인가? 계획에 없는 일은 하지 않는 편이 좋으며, 승산이 없는 싸움은 피하는 것이 지혜롭고, 손해가 되는 일이면 보지도 말라고 세상은 가르친다.

그러나 어찌 진리인 줄 알면서 어려움이 온다고 피하며, 정의임을 인정하면서 승산이 없다고 버릴 수 있는가. 또한 참된 인생의 가치를 몇 푼의 금전으로 다룰 수 있는가. 밤이 지나치게 어두우니 작은 등잔은 켜지 않는 편이 낫다고 생각하는 사람이 있다면, 빛을 가지지 않고서야 어떻게 그 암흑을 물리칠 수 있는지 묻고 싶다.

가장 어리석은 사람을 발견할 때가 있다. 씨를 뿌리지 않고 열매를 기다리고, 수고함 없이 결실을 바라는 사람이다. 그러나 오늘날 얼마나 많은 사람이 뿌리지 않은 밭에서 열매를 기다리며 수고하지 않은 농장에서 추수를 기다리는가. 바로 그것이 오늘날 우리의 생활 처세가 아닌가.

그런데 더 곤란한 사람들이 있다. 뿌리가 없는 나무, 기초가 놓이지 못한 건축이 불가능한 줄 알면서도 꽃과 열매, 웅장한 건물만 취하려고 애쓰는 사람이다. 뿌리와 기초가 겉으로 드러나지 않는다고 모두 거절해 버리면 어디에서 꽃과 열매를 기대할 수 있으며, 웅장하고 화려한 건물이 자리 잡을 수 있겠는가.

사회와 역사에는 뿌리의 단계가 있고 기초의 기간이 있는 법이다. 그럼에도 불구하고 희생과 봉사의 수고 없이 영광과 명예만 차지하려 한다면 얼마나 우스운 모순인가. 또 혹자는 사회와 역사의 발전 과정을 무시하고 자기 혼자 뿌리에서 꽃과 열매까지 전 과정을 모두 독차지하려고 무리하기도 한다. 그러나 그 역시 불가능할 뿐만 아니라 어리석은 태도다.

··· 선과 정의는
나로부터 시작된다

결국 진정한 역사의 건설자가 되고 사회의 개척자가 된 이들은 모두가 바다를 메우려고 각오한 산새의 운명을 마다하지 않은 사람들임을 재삼 깨닫게 된다. 그들의 희생 위에 우리가 살고 있으며 그들의 눈물의 대가로 우리가 웃고 있는 것이다. 혹은 이렇게 반문하고 싶어질지 모른다.

'물론 희생하고 수고하는 사람은 때때로 있어야 한다. 그러나 그것은 어떤 특수한 사람들의 사명과 의무에 속하는 일이지 우리와 같은 보잘것없는 소시민에게야 무슨 상관이 있겠는가. 작은 직장, 오막살이 울타리 안에서 당치 않은 꿈을 꿔 봐야 무슨 소용이 있는가.'

그러나 그렇게 생각한다면 더 큰 과오와 어리석음을 저지르는 일이고 모순이 아닐 수 없다. 어느 누가 가정이나 직장을 통하지 않고 사회에 업적을 남겼는가? 세상 사람이 자신을 사회생활의 부속품으로 인정해 버린다면 그 누가 사회를 건설할 것인가? 오히려 스스로를 작게 생각하는 어머니들의 품안에서 역사의 주인공들이 자라고 있으며, 민족과 국가의 앞날은 우리의 작은 대문 안에서 움트고 있다는 것을 잊어서는 안 된다.

그리고 우리는 한 걸음 더 전진해야 한다. 참된 의미에서 무엇이 큰 일이며 또 무엇이 작은 일인가를 판단할 수 있어야 한다. 우리는 언제나 작은 선이 큰 악보다 귀하며, 나타나지 않은 선이 선전되고 있는 덕보다 무겁다는 것을 알아야 한다.

적극적으로 선을 실천하는 일은 물론 칭찬할 만하다. 그러나 오늘 우리 사회에는 소극적이나마 악에 대항할 수 있음이 얼마나 더 뜻있는 일인지도 잊어서는 안 된다. 악과 불의가 제지되고 소멸된다는 것이 그대로 선의 발전과 정의의 승리를 약속하는 것이기 때문이다.

이렇게 본다면 사회의 모든 책임이 우리 한 사람 한 사람의 어깨 위에 있음을 부정할 수 없게 된다. 행복도 우리의 수고에 달렸고, 불행도 우리의 게으름에 따르는 것이며, 선과 정의의 건설도 나로부터 시작한다. 악과 불의의 범람도 나 자신의 책임이 아니라고 말할 수 없다.

그러기에 현대에 살고 있는 우리는 보다 강력한 마음가짐과 각오가 필요하다. 말하자면 보람 있는 비극에 대한 각오다. 비극은 결코 허무나 회의가 아니다. 영원과 완성을 위한 자기부정의 운명애(運命愛)인 것이다. 작은 돌멩이로 바다를 메우려는 피할 수 없는 사명인 것이다.

일찍이 그리스도는 이렇게 말씀하셨다.

"한 알의 밀이 땅에 떨어져 죽지 아니하면 한 알 그대로 있고 죽으면 많은 열매를 맺느니라."

그러나 오늘 세상 사람들은 바다에 떨어질 필요가 없으며, 더욱이 왜 죽느냐고 외친다. 공리, 실용, 현실, 실제를 합한 모든 지혜와 철학이 이에 반대한다. 현대인들은 모래알을 나르는 새가 얼마나 어리석은지 너무나 잘 알고 있기 때문이다.

내가 미워하는 것들

··· 잘못된 정치와
정치병에 걸린 정치가

  싫어한다는 것은 기분과 감정의 문제다. 이유를 밝히지 않아도
되고 조건을 따질 필요도 없다. 그저 싫으니까 싫은 것뿐이다.

  그러나 싫은 것이 일단 미워하는 것으로 바뀌게 되면 그때는 기
분 문제가 의지의 내용으로 바뀌며 감정의 태도가 열정을 동반하게
된다. 싫은 것은 내가 피해 버리면 그만이지만 미운 것은 그것을 깨뜨
리거나 돌파하지 않으면 못 견디게 된다. 그러기에 살아가는 동안에
싫은 것은 없을 수 없으나 가능하면 미운 것은 없이 사는 편이 행복하
다. 미운 것이 많은 사람일수록 점점 더 불행해지기 때문이다.

  지난 몇 해 동안 나도 모르는 사이에 대단한 혐오를 느끼게 된
몇 가지가 있다. 그중 첫째는 잘못된 정치와 지나친 정치 성향을 가

지고 세력을 누리는 정치가들이다. 인간은 사회적 동물이기 때문에 정치적 생활을 벗어날 수는 없다. 중요한 것은 정치가 지나치게 도를 넘어 중용을 잃지 않게 하는 것이며, 그 내용과 가치에 있어서 잘못된 정치를 하지 않는 것이다. 인간이 정치적 동물이기에 그 사실은 더욱 더 불가피하다. 행복과 불행, 영광과 파멸의 조건이 거기에 달렸기 때문이다.

이런 점에서 과거 한 세기에 걸쳐 인류의 불행을 만든 최대의 원인이 '잘못된 정치'에 있었다고 생각한다. 어떤 점들이 악이었고 불행의 조건이 되었는지 일일이 사실(史實)을 들어 말할 필요는 없을 것이다.

오직 한 가지 원칙만 밝힌다면, 인간을 위한 정치였는가, 아니면 정치를 위한 인간이었는가를 묻는 것으로 족하다. 전자라면 비록 잘못이 있었다 해도 바른 방향으로 이끌 수 있으나 후자라면 그것이 어떤 결과를 가져오더라도 미워하고 반대하지 않으면 안 된다. 전체주의를 버리고 민주주의를 택하며, 공산주의를 거부하고 자유주의를 받아들이는 이유도 여기에 있다. 개인과 국민의 생산 활동과 식생활까지 통제하는 정치라면 이 땅의 사람들을 형무소로 끌어가자는 주장과 다른 것이 무엇인가?

한때 인류의 반을 차지했던 마르크스주의자의 세계에만 정치적 비극이 있는 것이 아니다. 자유 진영의 반 이상을 차지하고 있는 대부분의 후진 민족 역시 정치적 철조망 속에서 허덕이고 있다는 것을 잊어서는 안 된다. 정치적 야망을 채우기 위한 몇몇 개인들에 의

해 온 국민이 불안에 떨어야 하며 공포 속에 허덕이고 있다. 불필요한 적개심을 일으키도록 선동되어야 하며 평안한 시골 마을에도 대립과 분열을 일으키고야 만다. 군대가 농기구를 들고 땅을 파는 백성을 위협하는가 하면, 경찰이 늙은 노인들의 고요한 심정에 파문을 던지지 않으면 정치는 안 된다고 본다.

얼마나 많은 사람이 지나치게 편중된 정치의 잘못 때문에 집을 잃고 농토와 산업을 빼앗기며 건강과 생명을 잃고 있는가. 신문지상에는 인류의 불안과 한숨 섞인 불행한 사건이 매일같이 보도되고 있다. 아마도 이러한 사실을 객관적으로 바라본 또 다른 천체의 인간이 있다면 그는 자기네 별나라로 돌아가 지구와 인류의 생활에 대해 이렇게 보고할 것 같다.

"지구라는 곳에 가 보았더니 꽤 영리하고 지혜로운 사람들이 살고 있는데, 그들은 서로 해치고 싸우며 원수를 만들어 죽이고 불행과 공포와 저주 속에서 살고 있더군. 무엇 때문에 그러는가 싶어 자세히 조사해 보았더니 정치를 하느라 그리 야단인 거야. 인류는 정치만 안 한다면 참 낙원에서 살 텐데 말이지…. 또 정치를 적게 할수록 행복하다는군. 지구엔 그렇게 형무소가 많던데, 거기에 악질적인 정치병 환자들도 잡아 가두었으면 좋겠어."

그러나 이러한 정치로 인한 불행은 비단 공산 세계나 다른 민족에게만 해당하는 것이 아니다. 오늘 우리 사회도 마찬가지다. 완전한 정치가 없는 한 정치로 인한 고통과 불행은 어디에나 있을 수 있고 또 있는 법이다. 그나마 국민의 자유와 행복을 위해 최선을 다하는 정치 사회에는 고통과 불행이 적겠지만, 아무리 소수라도 국민을 이용하려고 하는 정치가나 정당이 있는 한 정치병의 저주로 인한 불행은 사라지지 않는 법이다.

만일 우리 사회가 아무 직업도 없고 타인을 위한 봉사도 하지 않은 채 정치를 생활처럼 영위해 가는 사람들로만 구성된다면 그것은 어지간한 모순이다. 공무원은 공무원의 책임이 있고 국회의원도 각자 임무가 주어져 있으나 정치하느라 아무 일도 하지 않는다면 그야말로 그들은 사회의 해로운 존재가 아닌가.

행정가나 정당인 가운데 자신의 말 한 마디에 온 국민이 일제히 복종하고, 자신이 지나가기만 해도 국민들이 차렷 자세로 맞이해 주고, 자신의 연설을 듣기 위해 수만의 군중이 모여드는 것이 당연하다고 생각하는 정치가가 있다면 그 역시 참으로 불행한 일이다.

스탈린이 그것을 꿈꾸었기 때문에 독재자가 된 것이며, 히틀러가 그것을 실천했기 때문에 게르만 민족에 불행이 닥친 것이다. 그러기에 한 연로한 영국의 종교지도자는 히틀러 한 사람이 연설을 하기 위해 수십만의 군중을 동원하고, 그렇게 많은 돈을 허비하며 많은 국민의 시간과 노동과 자유를 빼앗는 일은 있을 수 없으며, 또 있어서도 안 된다고 호소했다.

우리는 정치적 사회에서 살고 있다. 하루 속히 이지러지고 잘못된 정치를 바로잡아 나가지 않으면 안 된다. 해방 이후부터 한쪽으로 치우치게 된 정치의식을 바로잡을 책임도 우리에게 있다. 나는 하루 속히 정치를 미워하지 않는 때가 오기를 기다린다.

··· 종교의 가치를
모르는 종교가

둘째로 나는 종교의 가치를 모르는 종교가들을 미워한다. 그러므로 어떤 때에는 내가 나 자신을 미워하게 되기도 한다. 세상에서 제일 미움받아야 할 존재가 있다면 가장 고귀한 것을 가장 천박한 것으로 여기는 사람이다. 그런 이유로 종교와 신앙을 누구보다도 고귀한 것으로 믿는 사람은 그 고귀성을 짓밟는 인간과 그들이 저지른 일을 한없이 미워한다. 그것은 불의에 정복당하는 정의를 보는 것과 마찬가지로 거룩한 것이 속된 것의 발밑에 부서지는 두려운 결과에서 기인한 증오다.

진정한 종교란 선량하고 약한 데에서 시작된다. 가난과 겸손, 세속적인 욕망이 없는 곳에서 태어나는 것이다. 세속적인 권세나 국가의 권력에 비교하면 사자 앞에 서 있는 어린 양 같은 것이 종교다. 물질과 세속을 기준으로 본다면 머리 둘 곳이 없으며 명령할 지위라고는 한 가지도 갖추지 못한 것이 종교다. 그러므로 종교가 그러한 본질을 잘 유지해 나가는 동안에는 종교 본태(本態)의 정신적 위치를 충분히 지키게 된다.

반면, 종교가 세속적인 지위와 명성과 부를 차지하기 시작하면 거기에 머무는 종교인들은 어린 양을 떠나 사자의 위치로 옮겨 앉기 시작한다. 황금의 세력을 이용하고 권세를 휘둘러 세속적인 위력을 얻으려 하며 땅 위에 왕좌를 마련한다. 그러나 그때는 이미 종교가 종교로서의 구실을 못한다. 개혁기를 맞이한 가톨릭이 그러했고, 세력을 얻는 교파가 언제나 그러했다. 오늘 우리 사회의 종교적 상황도 일부 그렇게 되어 가고 있다.

물론 나는 종교와 신앙을 이용하는 세속적인 힘을 미워한다. 유교나 불교의 분열을 조장하는 정당이나 행정가를 비난하며, 이권과 세력의 배경으로 종교계를 조종하는 모든 사람을 불미스럽게 여긴다. 유교나 불교를 이용해 정치적 세력을 더한다거나 교회를 선거와 투표의 이용물로 삼는 일은 용납할 수 없는 죄악이다. 그것은 거기에 속해 있는 사람들이 언제나 저지르기 쉬운 일이기에 더 말할 필요가 없다. 일반적으로 장사꾼은 교회에서도 물건을 팔려는 마음을 갖게 되고, 정치인은 신앙의 가치를 투표의 가치와 혼동하곤 한다. 우리가 그런 과거를 걸어 왔기에 여기서는 논의의 대상으로 삼지 않기로 한다.

그러나 도저히 미워하지 않을 수 없는 사람들이 있다. 종교가가 종교를 세속적인 세력에 팔아먹고 이용하는 일이다. 자기 손과 발을 짐승의 장난감으로 내어 주는 바보는 없다. 자기의 고귀한 지식과 사상을 어린아이의 노리개로 맡기는 학자나 시인도 없다. 하물며 자기의 생명이나 인격보다 존귀하게 여겨야 할 신앙과 종교적 신념을 돈과 정치, 지위나 명성을 위해 팔아 버리거나 이용한다면 그런 몰양심과 천박함이 어디 있겠는가. 그러나 이런 과오를 범하지 않은 사람이 도대체 몇이나 될까? 이해관계에 따라 신앙적 양심을 버리고, 정권욕을 채우기 위해 종교적 신념을 선반에 얹어 두는 사람이 이렇게도 많은 것이 현실이라면, 우리의 종교계가 어떻게 되겠는가?

아무리 웃음을 파는 여자라 해도 정조 문제에 부딪히면 생각을 가다듬는 법이라고 한다. 그것마저 없다면 그는 이미 여성이 아닌 것이다. 종교에서 살고 종교를 믿어 오던 지도자들이 아무 양심의 거리낌도 없이 고귀한 종교적 신앙을 정치나 황금의 제단에 바치고 만다면 우리 앞날은 그야말로 뻔한 것이다. 자기의 지위나 명성을 기화로 해서 많은 신도의 성스러운 종교심을 도맷값으로 정당이나 단체에 팔아 버리는 종교 지도자들이 있다면 슬프고도 기막힌 일이 아닐 수 없다. 때때로 몇몇 개인이 정당보다 먼저 정치운동에 가담하여 교파나 교리나 교인들을 세속적인 사물에 이용하도록 하는 경우를 발견한다. 참으로 놀랍고 두려운 일이다. 크건 작건 이러한 일이 있어서는 안 될 것이다. 나는 미워해야 하는 사람들과 그들이 벌여 놓은 일들이 하루 속히 없어지기를 원한다. 그러기에 이러한 종교가들이 될 수 있는 대로 사라지기를 기다린다.

성서를 읽어 보면 아주 기막힐 정도로 답답한 과오를 범한 사람이 있다. 다름 아닌 이스라엘의 가장 위대한 임금 다윗왕이다. 그는 충신의 아름다운 아내를 빼앗기 위해 그 신하를 전쟁터에서 죽게 했다. 평생 동안 하나님을 섬기는 일에 충성했던 왕이 그런 과오를 범했기 때문에 하나님은 그에게 무서운 징계를 내리셨다. 지금으로부터 3000여 년 전, 절대 왕권 시기이니 한 나라의 왕이 그만한 정도의 일은 할 수 있었을 때의 이야기다. 그러나 하나님은 그보다 더 가혹할 수 없을 정도로 책망하셨다.

철학자 칸트는 '인격은 언제나 목적이 될 수는 있으나 수단이 되어서는 안 된다'는 명제를 제시했다. 한 인간은 그 인격과 더불어 언제나 목적이 되어야지 수단이 되어서는 안 된다는 깊은 원리다. 비록 왕이었다고는 하나 다윗은 한 인간을 자기의 향락과 쾌락의 수단으로 삼았기 때문에 용납할 수 없는 범죄를 저질렀다.

또 한 가지 우리가 다 같이 미워해야 하고, 미워할 수밖에 없는 것이 있다면 자기의 행복과 즐거움을 위하여 다른 사람을 수단과 방편으로 삼는 사람들과 그들이 벌여 놓은 일들이다. 정치적 수단, 경제적 수단, 출세를 위한 수단으로 다른 사람을 이용하거나 인격을 방편으로 삼는다면 어떻게 보아도 미움을 받을 수밖에 없으며, 그런 미움의 대상은 하루 속히 시정되지 않으면 안 된다.

4부

철학 때문에 오는 고소 ^{苦笑}

··· "철학 공부는 뭐하는 데
써먹는 거냐?"

더운 때니까 시원한 이야기를 써달라는, 거절할 수 없는 청탁이
들어왔다. 더운 때는 더운 맛도 있어야 할 것 같은데 구태여 서늘한 얘
기가 필요할까 싶다.

우리가 시원함을 느끼기 위해서는 두 가지 방법이 있다고 한다.
하나는 대기를 시원하게 하여 더위를 잊는 것이고, 다른 하나는 내
속을 열이 나고 덥게 만들어 바깥 세계를 시원하게 느끼게 하는 방
법이다. 학질을 앓는 사람이 열이 높아질수록 추워하는 원리와 같다.

요즘 세상에 시원한 얘기는 별로 있을 것 같지 않다. 그래서 나
는 후자를 택해서 답답했던 얘기를 함으로써 그것을 읽는 이들이
시원함을 자아낼 수 있었으면 한다.

인간의 호기심이란 이상하다. 그래서 때로는 자기의 호기심을 채우기 위해서라도 상대방에게 불필요한 것을 묻고 알려고 하는 때가 많다. 그런 것에 이용되는 것 가운데 하나가 직업과 전공 학문에 관한 것이다. 그것도 미지(未知)가 기지(旣知)의 것으로 넘어가는 하나의 쾌감인지도 모른다. 때로는 뜻하지 않는 고소(苦笑)를 자아내는 때도 있다.

무척 더운 여름 오후였다. 턱에서는 땀방울이 쉴 새 없이 떨어지고 허리는 끊어질 듯이 아팠다. 어머니와 같이 매고 있는 밭이랑은 까마득하게 길어 보였다. 방학을 맞아 어머니와 김을 매러 나선 참이었다. 그때 어머니와 이런 대화를 나눴다.

"얘, 네가 공부하는 것이 뭐라고 했지?"

"철학이라는 공부예요."

"그걸 공부하면 이다음에 뭘 하니?"

"글쎄, 해 봐야 알지요."

한참 뒤에 어머니가 다시 물었다.

"그런데 네 친구 S의 말을 들었더니 그런 공부를 하면 사람이 이상해지기도 하고 좀 별스러워진다더구나. 그게 사실이냐?"

"어머니, 그럴 리가 있어요! 아무렇지도 않아요."

"그런데 그 애 얘기를 들으니까 그 공부를 하는 사람들은 자살도 한다던데…. 정말 조심해라."

"그거 다 거짓말이에요. 세상에 죽으려고 하는 공부가 어디 있습니까!"

"그야 그럴 테지. 그런데 그 공부는 뭐하는 데 써먹는 거냐?"

"다른 공부는 뭐 써먹는 데가 따로 있나요? 제가 하고 싶은 공부를 하는 거지요."

"왜, 그 변호사 되는 공부나 하지 그러냐…. 나는 그것이 좋을 것 같더라. 이제라도 그렇게 해 봐라."

이것이 어머니의 질문이었고 또 요청이었다. 지금은 어머니도 그때의 염려는 버리신 듯하다. 그러나 아직도 두 사람에게만은 미안함을 갖고 있다. 한 사람은 내가 철학을 하기 때문에 일생을 가난하게 보내신 어머니다. 나는 어머니를 한 번도 경제적으로 즐겁게 해드리지 못했다. 그것이 내내 죄송스럽다. 그리고 또 한 사람은 고학의 길을 떠날 때 법률 공부를 권하신 분이다. 법률만 공부한다면 학비도 대주고 또 좋은 사윗감도 될 수 있다던 그분의 간곡한 얘기를 듣고 학비 보조와 보지도 못한 아가씨를 생각 안 한 것은 아니었다. 그러나 당시 나에게는 가난한 사람이 이유 없이 부자의 도움을 받는 것에 대한 거부감이 있었다.

나는 철학 때문에 이 두 분에게는 죄인이 되어 버렸다. 그러나 일생 동안 한 번도 학교 교육을 받은 적이 없는 부친은 나의 철학 공부를 누구보다 만족해 하셨다.

나는 몇 달에 한 번씩 시장에 간다. 물건을 사기 위해서가 아니고 시계점에 들르기 위해서다. 좁은 판잣집에 시계점을 차린 중년의 시계 수리공은 온종일 앉아서 작고 큰 시계들을 만지고 있다. 나는 내 시계를 수리하기 위해 그곳까지 가지만, 때로는 가족이나 친구들의 시계도 가지고 간다. 그리고 얼마 동안 옆에서 시계 수리 하는 모습을 구경하며 기분을 고요하게 해 주는 그 시간을 즐긴다. 작은 시계가 유리판 위에 분해되어 산산이 흩어지고 다시 곱게 본래의 모양으로 돌아온다. 몇십 분 동안 아무 생각 없이 그 과정을 들여다보는 일은 퍽 유쾌하다.

시계 수리공은 내가 교육자로 있는 것보다 훨씬 더 유능한 시계 전문가다. 자기는 초등학교를 마친 뒤 20년이나 시계만 만지며 산다고 말했다.

작년 가을이었던 것 같다. 시계점에 손님이 없는 시간이라 나는 그와 마주 앉아서 그가 수리하는 모습을 구경하는 데 여념이 없었다. 그때 그가 물었다.

"여러 번 뵀었습니다만, 선생님은 어느 학교 선생님이시죠?"

그는 나에게 새삼스러운 질문을 꺼냈다.

"그렇게 보기만 해도 선생 같습니까?"

나도 반문했다.

"그럼요. 가방 든 것이나 차림새나 하시는 말씀을 들으면 대략 짐작이 가지요."

"그럼 물어보실 것 없이 아셨구먼요."

"어느 학교에 계십니까? 실례지만….."

"○○학교에 나가고 있지요."

"아, 그러세요? 그럼 무얼 가르치시는데요?"

나는 머뭇머뭇했다. 대답을 안 하면 미안할 것 같기도 했다.

"철학을 가르칩니다."

나는 이렇게 대답하면서 재빠르게 움직이는 그의 손끝을 내려다보았다. 그런데 그의 두 손이 잠깐 멈추더니 그가 이상한 눈으로 나를 쳐다봤다. 그러고는 다시 시선을 손끝으로 옮기면서 말했다.

"철학을 하신다니까 고민이 퍽 많으시겠습니다."

동정과 위로에 잠긴 고요하고 진실한 음성이었다. 나는 뭐라 할 말이 없었다.

"고민도 많고 한데, 시계 수리비나 싸게 해 주시지요."

이렇게 말하고 웃어 버렸다. 그도 순진하게 "그러지요" 하고 웃었다.

··· 철학은 특수한 사람의
독점물이다?

바로 몇 달 전이다. ○○여자대학교 학생들의 청을 받아 강연회에 참가한 적이 있다. 강연회가 끝나고 간부 학생들과 간단한 좌담회를 가졌다. 그 학생들은 몇 가지 이해하기 어려운 질문들을 꺼냈다. 다음과 같은 것들은 확실히 내가 철학을 하기에 던진 질문일 것이다.

"선생님, 사람들은 무엇을 하려고 사는 것입니까? 때때로 생각해 보면 산다는 것이 싱겁기도 해요."

"누가 알 수 있겠어요. 알 수 있다면 자기나 알 일이지요. 삶을 알기 위해 사는 것이 삶이니까요."

나는 이렇게 대답할 수밖에 없었다.

"철학을 하면 인생이 좀 더 재밌어집니까?"

"글쎄요. 재밌어지기도 하고 재미없어지기도 하겠지요."

"그야 다른 학문도 그렇지 않아요?"

"철학은 뭐 눈이 셋 있는 학문인가요?"

"그래도 철학 하면 뭔가 좀 산 너머에 있는 것 같아요."

"그럼 천문학은 하늘 건너 있는 것 아닌가요?"

"아니, 보통 사람도 철학을 하는 게 괜찮아요?"

어느 앳되어 보이는 학생의 질문이었다. 그리고 다시 문답이 이어졌다.

"선생님 만일 우리가 철학자와 결혼한다면, 그래도 행복할 수 있을까요?"

"그건 철학보다 사람의 차이가 아닐까요?"

나의 대답에 또 다른 학생이 보충 질문을 했다.

"쌀이 떨어져도 무관, 여행을 하고 싶다고 해도 그만, 그러면 어떻게 해요?"

"그러지 말고 좋은 철학도가 있으면 우선 결혼해 보세요. 그러면 알 것 아녜요?"

나는 그렇게 대답하면서 며칠 전에 들었던 P군의 얘기를 떠올렸다. P군은 이렇게 말했었다.

"선생님, 여학생이 철학과를 지망해 오면 잘 타일러서 다른 과로 가도록 권고하세요."

"그건 또 무슨 말이오? 여자는 철학 못한답디까? 미학이라든가 예술철학 같은 것은 여자에게 좋을 것 같은데…. 또 윤리학 같은 것도 넓은 의미에서 얼마나 좋은 학문이에요?"

"그야 좋지요. 그런데 여자가 철학과를 졸업하면 남자가 겁이 나서 결혼을 하려고 하지 않아요. 제가 아는 친구가 약혼 말이 나왔는데 상대방이 철학과 출신의 여자래요. 그래서 지금 퍽 고민하고 있답니다."

"그런 바보가 어디 있소? 귀한 보물을 주려고 해도 둘 곳이 없으니 그만두겠다는 심산 같군요."

"그런데 어디 세상 사람들이 그렇게 생각해요? 철학은 특수한 사람들의 독점물인 줄로만 알지…."

"그거 참 큰일인데. 그러다간 철학과에는 여학생이라곤 한 명도 안 오겠는데…. P군, 좀 잘 얘기해서 오해 없도록 해 주세요. 딱딱한 과학보다야 차원 높고 부드럽고 지혜가 풍부하고 이해가 있는 철학이 얼마나 좋소….”

이사 온 지 얼마 안 되어 옆집 사람들을 찾아가 인사를 했다. 바로 담 하나를 사이에 두고 함경도 부부가 살고 있었다. 몇 달 뒤 그 집 부인이 내 아내에게 재밌는 고백을 했다고 한다.

“나는 이 부근에 선생님들이 많이 계시기에 어떤 선생님인가 했어요. 그런데 누가 철학 선생님이라고 그러지 않아요? 난 옛날 여학교 다닐 때 철학이라는 말만 들었지 그걸 가르치는 사람은 한 번도 못 보았어요. 그래서 그런 사람이 옆집에 와도 괜찮을까 하고 염려했어요. 그런데 지내 보니까 아무렇지도 않던데요. 머리도 깨끗이 깎고 양복도 단정하고 유별난 데는 없던데요. 뭐 이마가 넓은 것하고 목소리가 좀 다른 것밖에는 모르겠더군요.”

그 가정과 퍽 가까워진 뒤에 들은 얘기였다. 그 부인도 나를 동물원의 무엇처럼 구경한 사람 중의 하나였던 것이다. 있을 수 없는, 그러나 실제로 있는 답답한 얘기들이다.

이해, 동정, 사랑

··· 열린 사회를 위한 첫째 조건,
이해하는 마음

프랑스 철학자 H. 베르그송을 통해 열린 사회를 체감하게 된 지도 오래다. 인류가 운명을 같이하고 있는 오늘날 하나된 세계라는 의미는 만인이 공통으로 느끼는 이념인 것 같다. 그래서 많은 지성인이 안타깝게도 파스칼이 말하는 강 저편에 살면서 생기는 정치적 정의관이 시정되기를 바라고 있는 것이 아닐까.

열린 사회, 하나된 세계는 먼저 우리 마음이 열리며 사람들의 마음이 하나됨에서부터 시작한다. 마음의 윤리가 사회의 질서를 형성하며 마음의 개혁이 없이는 인류의 참다운 행복도 찾아오지 않는다.

그러나 우리는 얼마나 스스로의 마음 문을 닫고 사는가. 물건을 파는 사람은 자기의 마음을 감추고 사는 사람의 마음만 넘겨다

본다. 행정가들은 자기네 뜻은 뒤에 숨기고 대중의 심리만 움직이려 한다. 마음이 닫힌 사회는 돌과 돌이 부딪치는 사회다. 마음의 줄이 끊어진 사회는 암흑 그대로의 사회다. 그렇기 때문에 우리에게 당장 필요한 것은 나부터 먼저 마음을 열고 사는 생활 태도다. 꽁꽁 닫고 자물쇠까지 채운 마음을 활짝 열어 놓고, 새롭고 자유로운 생활을 할 수 있다면 얼마나 좋을까! 이렇게 마음의 문을 여는 데는 세 가지 방법이 있다.

첫째는 이해하는 마음이다. 이해가 없는 곳에는 협조가 없고, 협조가 없는 사회는 건설적인 사회가 되지 못한다. 마음의 줄을 끊고 협조하기를 기다리는 것은 복종을 강요하는 것과 다름 없다. 스승은 제자들의 마음을 이해하려 하지 않는다. 그래서 학원은 지식의 시장으로 변한다. 부자는 빈자의 처지를 이해하려 하지 않는다. 그렇기에 모든 일의 찬조와 협력을 얻지 못한다.

우리는 그 실례를 해마다 떠드는 구정(舊正) 폐지의 실태에서 뚜렷이 보고 있다. 개도 몇 해를 기르면 주인의 뜻을 아는 법이다. 대한민국 국민이 얼마나 미련하기에 양력과세(陽曆過歲)의 미풍을 그다지도 이행하지 않는가. 그러나 거기에는 이유가 있다. 정부와 국민의 마음이 하나가 못 되고 있기 때문이다. 위정자들이 모든 행정면에서 국민과의 사이에 있는 이해의 줄을 끊고 있으므로 국민도 모든 일에서 그들의 뜻을 받아들일 마음의 줄을 끊고 있는 것이다. 아홉 가지를 믿는 사람은 나머지 한 가지도 믿는다. 그러나 아홉 가지를 못 믿는 사람은 나머지 한 가지도 믿을 수 없음이 상정(常情)이다. 그렇기에 아랫사람의 심정을 이해하지 못하는 윗사람은 일평생 참다운 존중을 받지 못하는 법이다.

그러나 이해한다는 것은 결코 어려운 일이 아니다. 우리와 생각이 다르더라도 그 사람의 입장과 처지를 그대로 인정해 주면 그것으로 족하다. 간단한 지적 활동만 하면 된다. 관공리는 기다림에 지친 국민의 마음을 조금만이라도 헤아려 주면 족하다. 정치인들은 불편한 국민의 입장을 잠시 생각해 주기만 하면 된다. 이렇게 머리에 스쳐가는 짧은 생각마저 거절한다면 어떻게 좋은 사회와 아름다운 환경이 조성될 수 있겠는가.

··· 마음으로 느끼는 동정과
손길을 더하는 사랑

둘째는 이해보다 귀한 동정(同情)하는 마음이다. 요즘처럼 동정이 식고 공감이 없는 시대도 없었을 듯하다. 정이 통해야 웃음이 있고 즐거움도 참되지 않겠는가. 그러나 현대인들은 동정 같은 것은 옛날 어떤 우상의 제단에 바쳐졌던 불길물(不吉物)처럼 생각한다. 마르크스주의자들은 무자비라는 명목 아래 생명을 짓밟고 인간의 존엄성을 쇠사슬에 묶어 놓고도 그것이 죄인 줄 모르며, 전범자들은 원자폭탄 아래 사라지는 수십만의 피와 생명에 관해 책임이 없는 듯 행동한다. 위험하고도 저주받을 인간상이다. 현대인들도 마찬가지다. 동정심을 과학으로 분석하고 무자비하게 말한다면 그 뒤에 오는 것은 쓰라리고 아픈 마음의 상처뿐일 것이다. 우는 자와 더불어 울고, 웃는 자와 한가지로 웃는 마음이 인간의 마음이며 선하고 아름다운 사회의 원천 아닌가.

동정은 절대로 어려운 것이 아니다. 이해가 머리로 생각하는 데 있다면 동정은 마음으로 느끼는 데 있다. 이해가 머리에 속한다면 동정은 가슴에 속한다. 우리는 쇼펜하우어의 윤리관을 빌려오지 않아도 동정의 존귀성을 잘 알고 있다. 어진 마음을 말하는 유교나 자비를 말하는 불교, 결국은 마음의 하나됨에 인(仁)이 있고 동정이 만물에 미칠 때 자비가 된다. 이해가 지성의 윤리였다면 동정은 확실히 감정의 윤리다. 동정심 없는 곳에 마음의 건설은 없다.

끝으로 셋째는 사랑이다. 마음을 열고 사는 세계에서 사랑의 마음을 잊을 수는 없다. 이해가 머리요, 동정이 가슴이라면 사랑은 그 위에 손이 더해짐을 말한다. 종교인들 중에는 사랑이 이해나 동정과 동일한 것인 줄 아는 이가 있다. 그래서 선을 설교하면 족한 줄 알고 동정심에 호소하면 다된 줄로 생각한다. 사랑은 그런 것이 아니다. 생각과 마음 뒤에 손이 가야 한다. 봉사와 희생의 동기가 되지 않은 사랑은 성립할 수 없다.

그러기에 참다운 의미의 건설은 사랑에 있으며 사랑은 언제나 손의 윤리, 봉사의 정신과 더불어 있는 법이다. 이때에야 비로소 자아(自我)는 사회아(社會我)가 되며 소아(小我)는 대아(大我)로 나아간다. 행위가 없는 곳에 생활이 없다. 사랑은 이와 같이 머리와 가슴과 손이 합쳐진 전체의 발현이다. 지성과 감성과 행위의 전부가 봉사와 희생으로 화함을 말하는 것이다.

인간은 이해도 동정도 사랑도 없는 세상에는 살 수가 없다. 그리고 각기 그 어느 것을 취해도 좋다. 그러나 정치의 세계에는 이해만큼은 절대로 필요하다. 이해가 없고 마음이 통하지 않는 정치란 지옥의 행정에 지나지 않는다. 그리고 모든 도덕은 동정과 공감의 기반 없이는 성립되지도 건설되지도 못한다. 모래 위에 세운 집이란 바로 느낌의 하나됨이 없이 도덕의 세계를 건설하려는 것을 말함이 아니겠는가.

끝으로 종교는 반석 위에만 세워진다. 그러므로 생명과 삶이 연소되지 않고 종교가 열매 맺을 길은 없으며 또 성립될 수도 없다.

열린 하나의 세계는 마음의 윤리로부터 가능하다. 그리고 그것은 정치·도덕·종교의 세계에서 이루어져야 할 것이며, 우리는 그것을 이해·동정·사랑의 열매로 거두어야 한다.

부자가 된 이야기

··· 돈을 벌겠다는 생각은
꿈에서도 사라지고

'돈을 벌어야 한다.' 지금까지 이렇게 마음의 뜻을 세워 본 적이
두 차례 있었다. 열네 살 되던 해 봄, 우리 가족은 친척집 사랑방에
서 나와 작은 오막살이를 짓게 되었다. 삼촌이 넓은 밭 한 모퉁이를
빌려주었기 때문이다.

기둥이 서고 지붕이 올라가고 담에 흙을 바르는 일이 매일같이
계속됐다. 어머니의 굵은 팔과 내 어린 손이 그 모든 고역을 새벽부
터 밤까지 감당해야 했다. 거의 2주일이 다 되었을 때였다.

"형석아, 우리 오늘 밤은 여기서 잘까?"

밤이 깊도록 등잔불을 켜 놓고 일하고 계시던 어머니는 새로 완
성되어 가는 오막살이에 무척 정이 드신 모양이었다. 나도 그대로

찬성했다.

아직 문짝을 달지 않은 집이라 달그림자가 찾아들고 하늘의 별들이 밤새 우리 모자를 아름답게 들여다보는 밤이었다. 나는 그날 밤 자정이 넘어서까지 왜 부친께서 가난하게 살아 오셨는지, 그로 인해 어머니께서 얼마나 눈물과 한숨으로 갖은 고생을 겪어 오셨는지 듣게 되었다.

그리고 그날 밤 옆에 잠드신 어머니의 주름 잡힌 얼굴을 보면서 속으로 굳게 약속했다. '이다음에 나는 꼭 돈을 많이 벌어 어머님을 호강시켜 드리고 말 테다'라고.

헛되이 10년이 지났다. 외국에서 공부를 한답시고 4, 5년을 보낸 어느 초여름이었다. 한 달 뒤 그리운 고향으로 돌아간다는 편지를 띄우고 방학이 오기를 기다리고 있을 무렵이었다. 맑은 금요일 오후에 학교에서 돌아오니 내 책상 위에 누이동생이 보낸 편지가 기다리고 있었다. 무척 반가웠다. 몇 주가 지나면 고향으로 돌아가 이 편지 안에 등장하는 가족을 만날 것이라 생각하니 한층 더 기뻤다.

그러나 그 편지에는 몇 가지의 즐거운 소식들 뒤에 퍽 서글픈 내용도 들어 있었다.

"…오빠, 이번 방학에 집으로 돌아오실 때는 동리 동편으로 오지 마시고 서편 길로 오시기 바랍니다. 우리는 지난봄에 할 수 없이 그 오막살이마저 팔아 버리고 말았습니다. 어머니께서는 며칠 밤을 새워 가며 우셨습니다. 그러면서 '이 집은 너희 오빠하고 지은 집인

데 아예 팔았다는 말은 하지 말아라'라고 말씀하셔서 이제껏 알리지 않았던 것입니다. 오빠도 퍽 섭섭하시겠지요. 어머니께서는 동리 사람들 부끄럽다고 달 밝은 밤에 이삿짐을 혼자서 모두 머리에 이어 나르셨습니다. 지금은 서쪽 밤나무집 큰어머님네 사랑방으로 이사 와 있습니다."

나는 책상에 엎드려 깊은 슬픔에 잠겼다. 나도 모르는 사이에 두 뺨에는 눈물이 흐르고 있었다. 늙으신 어머님의 초라한 모습이 눈앞에 나타나는 것 같았다. 다섯 동생들이 남루한 어머니의 치맛자락을 붙들고 서 있는 것 같은 환상이 스쳐 지나갔다.

나는 "그렇다. 어쨌든 돈을 벌어야 한다. 불효자식은 되지 말아야 한다. 동생들을 나 같은 처지에 두어서야 되겠는가"라고 중얼거렸다. 창문을 열고 내다보았으나 그렇게 밝던 하늘이 이미 저녁때가 된 것처럼 캄캄해 보였다.

그러나 돈을 벌겠다던 두 차례의 결심이 여름 구름과 같이 사라진 지 오래다. 학업을 끝내고 돌아올 때는 전시(戰時) 중이어서 몇 권의 책마저 버리지 않을 수 없게 되었다. 일본 경찰을 피해야 하는 몇 해 동안은 돈을 벌기는커녕 하루의 찬거리도 구할 길이 없었다.

해방은 기쁜 소식이었다. 그러나 2년 후 그어진 삼팔선은 나를 여름바지 한 벌과 셔츠 한 벌의 소유자로 환원시키고야 말았다. 가까스로 몇 권의 책, 양말 한 켤레나 준비되었을까 싶은 여름에 6·25전쟁이 발발했다. 겨우 피난지에서 환도했을 때는 식구들이 잠

들 곳도 없었다. 책장도, 꽂을 책도 없는 새 살림을 시작할 수밖에
도리가 없었다.

이제 와서 천직인 교육자의 길을 돌이킬 수도 없는 일이고 철학
이라는 학문을 원망할 입장도 못 되었다. 돈을 벌겠다는 생각은 꿈
에서도 사라진 지 오래다. "너는 어려서부터 욕심이 하나도 없더니
지금껏 그 몰골이지. 다 제 팔자는 할 수 없어…"라고 하시던 어머
니의 말씀은 그대로 진리가 되어 버리고 말았다.

··· 소유욕을
버리고 나니

그러던 내가 요사이 부자가 되었다. 점점 더 부자가 되어 가고
있다. 그 방법은 간단했다.

'이왕 가난하게 살 바에는 철저히 가난해지자. 아무것도 소유하
지 않으면 그뿐 아닌가!'

이러한 우연한 결심이 나로 하여금 지금의 부자가 되게 한 것이
다. 한 평의 땅이 없으면 어떠랴, 푸른 하늘도 달도 별도 내 것이면
그뿐이다. 방 한 칸이 없다고? 아무런 애착도 없이 가고 싶은 곳에
다 가면 그만 아닌가. 이렇게 하여 나는 남이 소유하는 것은 다 버

리고 남이 자기의 것으로 할 수 없는 것은 다 내 것으로 하자고 마음을 타일렀다.

소유를 거부한 뒤의 생활이란 여간 편안하고 유쾌한 것이 아니었다. 그리운 것도, 필요한 것도 별로 없다. '일용할 양식을 주옵소서' 하는 기도가 무엇인지 어렴풋이 알아 가기도 한다.

그러나 남은 문제는 가족에 대한 책임이다. 홀몸이었다면 만사는 해결된 셈이나 이제 와서 나는 모른다며 가족 부양의 책임을 회피할 수도 없는 일이다. 아니, 그것이 삶의 또 하나의 의무임에는 틀림없다. 그러나 여기에 이상한 논리가 성립된다. 소유를 원하지 않는 사람에게는 모든 일이 그대로 봉사가 된다는 사실이다. 나는 학교에 봉사한다. 그리고 받은 월급을 그대로 가족을 위해 내놓으니 가족에게도 봉사하는 셈이다. 그 돈은 한 푼도 내 소유가 못 된다. 가족을 가진 대가라 할까. 나는 하숙생 격으로 밥만 얻어 먹으면 족하다.

이제 남은 문제는 옷과 구두, 몇 권의 책과 학용품들이다. 암만해도 그것은 나올 길이 없다. 그래서 요사이는 정상적인 직장 수입 이외의 수입으로 그것을 충당하기로 작정했다. 몇 푼 안 되는 원고료, 방송 출연료, 강연 사례금 등으로 일용품을 대신하고 있다. 강연의 사례로 받은 넥타이를 팔아서 양말을 사기도 하고, 원고료는 흔히 책값으로 나간다. 내의나 양말은 구멍이 나도록 기다려야 하는 때도 있고, 두세 벌 걸치고 있는 양복은 정성껏 아끼지 않으면 안 된다.

만 원이 넘는 모자, 마카오 양복, 나일론 양말, 고도방 구두 등은 아마도 팔자에 없을 것 같아 섭섭하기도 하다. 지난겨울에는 두세 켤레의 양말, 이번 여름에는 자유시장에서 산 노타이 한 벌과 흰 러닝셔츠 두 벌로 지내야 할 것 같다. 또 그것으로 만족한다.

그러나 요사이 점점 내 수입이 늘어 간다. 부지런히 원고를 쓰면 책값도 나오고 와이셔츠와 넥타이도 살 수 있어 2, 3년은 쓸 수 있을 정도다. 그러나 물론 많은 책을 사는 것은 아니다. 요사이는 읽는 시간보다 생각하는 시간이 많아져 1년에 36권 이상은 지나친 사치라고 규정해 두었다. 또 옷은 철에 한 벌로 족하기로 했다.

오랫동안 서재가 없었는데 지난가을에 토담을 쌓고 텐트 조각을 얹어서 두 평짜리 토굴도 생겼다. 부지런히 벌어서 밀렸던 책값도 거의 다 청산했다. 8월이 지나고 9월이 되면 5, 6천 원의 잔금이 생길 것 같고, 12월쯤 가서는 3년이나 신어서 물이 새고 먼지가 스며드는 해어진 구두도 새것으로 바꿀 계획을 세워 보고 있다.

이렇게 내 재산은 자꾸만 늘어 가고 있다. 쓰고 남는 것이 부라면 나는 지금 확실히 부자가 되어 가고 있는 것이다. 30만 원만 생기면 하늘이 많이 보이는 산간에 오막살이 서재도 마련해 보고, 3천만 원만 생긴다면 가난한 학생들을 위해 문화관이라도 한 채 장만할 꿈도 가져 본다.

이렇게 생각하면 참으로 나는 부자다. 어쨌든 부를 즐기는 사람이 되고 있으니까 말이다. 그러나 이러한 부를 누리면서 때때로 미안한 생각이 찾아든다. 그리스도께서는 나보다 더 가난하셨을 것이고, 중년 이후의 석가도 나보다 부하지는 못했으리라는 생각 때문이다.

철학의 죄는 아닌데

··· 만년필 속
철학적 가치

벌써 두 달이나 지난 얘기다. 서울역 앞길에서 차를 기다리는 시간에 우연히 길가에 벌여 놓고 파는 만년필들을 구경하게 되었다.

"어느 것을 사시럽니까?"

"사기보다 구경 좀 하겠습니다."

"이놈 하나 사세요. 요새 많이 팔리는 기자용 펜입니다."

그러면서 젊은 상인은 위를 꼭 누르면 알이 나오고 또 옆의 꼭지를 누르면 찰칵하고 알이 들어가는 만년필을 하나 보여주었다. 처음 보는 귀엽고 신기한 펜이었다.

"그거 참 편리하군요."

"좀 비싸서 그렇지, 아주 편리하고 좋은 신품입니다."

"점잖으신 분이니까 제값대로만 말씀드리지요. 이런 데서 잘못 사시면 아주 속기 쉽습니다. 1700환만 주시지요."

세련되고 편리해 보였지만 값도 그리 싼 편이 아니어서 별로 살 생각이 없었다.

"다음에 하나 사지요. 오늘은 잘 구경했습니다."

그렇게 말하고 돌아서려는데 그 상인이 따라오면서 "선생님 하나만 팔아 주세요. 오늘은 이번이 개시인데 개시에 못 팔면 하루 종일 장사가 안 됩니다. 값은 밑져도 좋으니까, 이것이 개시예요"라고 달려들었다.

그의 진지한 표정과 태도가 믿음직스운 데다가 남의 하루 장사에 폐를 끼치면 안 되겠다 싶었다.

"그런데 값이 좀 비싸 보여서…."

"선생님, 제가 사정을 말씀드렸잖아요. 하지만 억지로 파는 것 같으니 한 닢도 안 붙이고 1500환 본전에라도 가져 가세요."

"그렇게 되면 내가 미안하지 않소?"

"아니 괜찮아요. 개시만 잘하면 되는 거예요."

나는 그의 말대로 돈을 치르고 돌아섰다. 펜이 하나 생겼으니 좋고 그의 마음도 좋아졌을 테니 서로 즐거운 일이었다.

두 주일쯤 전의 일이다. 학생 한 명이 나와 같은 펜을 가지고 노트 필기를 하고 있었다. 나는 웃으면서 "그 펜 내 것과 똑같은데, 얼마나 주었소?"라고 물었다. 값을 알아내기보다 내가 얼마나 싸게 샀는지 알고 싶었기 때문이다.

"선생님께서도 이런 것을 사셨어요? 제 것은 신품입니다. 700환 주었습니다"라고 대답한다.

"1700환이요?"

"아니요. 1700환이면 더 좋은 것을 살 수 있을 텐데요."

"그래요?"

나는 더 말할 재미가 없어졌다. 그렇게 진실해 보이던 장사꾼의 얼굴이 눈앞에 나타났다 사라졌다.

"선생님은 얼마나 주셨어요?"

"그럼 나는 좀 더 주고 샀나?"

"한 1000환 주셨어요?"

"난 아주 싸게 사느라고 1500환을 주고 샀는데…."

나도 그 학생도 웃었다. 옆에 있던 두 학생도 따라 웃었다. 한 학생이 "철학자가 만년필을 사니까 값에 관한 문제는 초월하셨던 거지요?"라고 중얼거렸다.

같은 만년필을 들고 있던 학생도 덧붙였다.

"그래도 선생님께서 더 주고 사셨다니 좀 마음이 놓입니다. 다른 분보다는…."

돌아서려던 나는 속으로 이 학생들이 또 무슨 우스운 소리를 하려는가 싶어서 웃으면서 "왜 그렇소?"라고 물었다. 그러자 "그 만년필 속에는 철학적 가치가 더 들어 있을 것 아니겠어요? 우리 같으면 퍽 기분 나쁜 일일 텐데…"라고 말한다.

잘 이해할 수 없는 말이었다. 내가 그만큼 훌륭하다는 말인지, 아니면 그만큼 어리석다는 말인지…. 그러나 학생들의 말은 나보다 철학에 대한 말인 듯싶어서 더 이해하기 어려웠다.

··· 배고픈 철학자의
퇴근길

3년 전 이야기다. 서점에 들러 책을 사느라고 주머니에 단돈 10환도 남아 있지 않았다. 당장 집에 갈 차비가 모자랐다. 그때는 돈을 넉넉히 넣어 다니는 습관도 없어서 필요한 돈만 가지고 나가곤 했었다.

할 수 없이 광화문에서 신촌까지 걷는 수밖에 다른 도리가 없었다. 아현동까지 왔을 때는 저녁때가 한참 지나 배가 고프고 다리가 아파 올 정도로 피곤해졌다. 좀 더 가까운 길일까 싶어 아현동 뒷골목 시장 길로 걷고 있는데 두 젊은이가 인사를 했다. 그중 한 청년은 반년 전에 내가 강의했던 학과의 졸업생이었다.

반갑게 인사를 나누고 돌아서려는데 "선생님 제가 따라가면서 말씀 좀 듣다가 돌아가도 괜찮겠습니까?" 하고 물었다.

"아, 좋고말고요. 바쁘지 않으니 괜찮아요."

그 졸업생은 같이 가던 친구에게 양해를 구하더니 성큼 내 뒤를 따라왔다. 몇 마디 반가운 인사를 하고 나는 그 청년이 무슨 얘기를 하려는지 기다렸다. 그런데 그 청년이 꺼낸 얘기는 상상 밖의 내용이었다.

"선생님은 참 행복해 보이십니다."

"갑자기 그건 또 무슨 말이오?"

"모든 사람이 전차나 버스에 시달리느라고 야단들인데, 홀로 이렇게 명상을 하면서 복잡한 시장 길을 걸어가시는 걸 보니까 부럽습니다."

나는 이 학생이 좀 어떻게 되지 않았나 싶었다. 교통비 20환이 없어서 팔자타령을 할 지경인데 행복은 무슨 행복인가 하고 묻고 싶은 심정이었다. "그렇게 행복해 보입니까?"라고 말하며 나는 속으로 쓴웃음을 지었다.

"졸업한 지 반년밖에 안 됐습니다만, 어떻게 마음에 안정도 없고, 고요한 분위기도 안 생깁니다. 생각해 보니까 선생님 같은 생활 자세가 제일 바람직한 것 같아요. 버스나 전차가 있어도 걸을 여유가 있고 시장 사람들에게 들볶일지라도 명상에 잠겨 걸을 수 있다면 얼마나 좋겠어요?"

나는 군이 그에게 차비가 없어서 걷게 되었다고 말할 필요는 없을 것 같아 듣고만 있었다. 그의 행복에 대한 이념을 깨뜨릴 이유는 없었기 때문이다.

"하면 되는 일일 텐데…."

"그러게 말씀입니다. 선생님 같이 모든 일에 달관할 수 있어야 하는데 어디 좀체 그렇게 됩니까? 철학을 배우는 것보다도 철학을 해야겠는데 잘 안 됩니다."

"뭐 거리를 걸어가야만 철학이 되나요?"

"아니, 그 말씀이 아니고 시장을 걸어갈 수 있는 마음의 여유, 저녁 해를 바라보면서 무엇인가 생각에 잠길 수 있는 그 심정이 얼마나 좋습니까?"

나는 더 빗나갈 것 같아 화제를 바꿨다.

"참, 무슨 긴급한 얘기라도 있어요?"

그가 따라온 이유를 알고 싶기도 하고, 또 그의 길이 점점 멀어질까 염려가 되었다.

"무슨 특별한 얘기야 있겠습니까? 반년간이나 못 뵈었으니까 같이 좀 걸으면서 말씀이나 들었으면 해서요."

이러는 사이 10여 분이 지났고 우리의 걸음은 고갯마루까지 다다랐다.

"그러면 돌아가는 길이 멀어지는데 어서 돌아가 보세요. 피곤할 텐데…."

벌써 해는 서산에 걸렸고 작은 오막살이에서는 연기가 실낱같이 사라지고 있었다.

"좀 더 따라가고 싶습니다만, 고요한 명상 시간을 방해하는가 싶어서 그만 돌아가겠습니다."

그는 단정히 인사를 하고 돌아섰다. 나는 그의 순하고 부드러운 마음이 무척 좋았다.

몇 발자국 앞으로 걸어가다가 고개를 돌려 보았다. 그 청년도 고개를 돌리고 나를 바라보고 있었다. 나는 웃으면서 손을 들었다. 그는 약간 머리를 숙여 인사하고는 많은 사람이 웅성대는 시장 안으로 사라졌다. 나는 그 좁은 골목길을 내려오면서 "행복? 불행?"을 속으로 중얼거렸다.

··· 철학자는 모자를 두 개씩 써야 한다?

바로 며칠 전의 일이다. 날씨가 갑자기 서늘해져서 낡은 겨울 모자를 쓰고 시내에 나갔다가 집으로 돌아오는 길이었다.

2, 3일 전에 여름 모자를 세탁소에 맡겼던 일이 생각나서 세탁소에 갔다. 몇천 환을 주고 모자를 사기보다 세탁을 해서 한두 해 더 쓰자는 심산이었다. 400환을 주고 새로 단장한 듯한 모자를 찾아 손에 들고 세탁소를 나섰다. 바로 그 옆이 요사이 새로 생긴 시장이

었고 거기에는 잘 아는 생선가게 할아버지가 있었다. 생선을 사지 않을 때에도 이따금 생선을 구경하는 버릇이 있었기에 나도 모르게 그 앞까지 갔다.

"좋은 생선들이 나왔어요? 구경이나 합시다."

나는 가지런히 누워 있는 각양각색의 생선을 보는 것을 퍽 즐기는 편이다.

"구경하세요. 내일은 도밋국을 먹는 날이랍니다. 마침 값도 싸졌고요."

이렇게 말하면서 할아버지는 큰 도미 한 마리를 싸 준다. 오늘따라 안 산다고 할 수도 없고, 받아들려고 하니 한 손에는 모자 또 다른 손에는 가방이 들려 있었다.

"생선은 고마운데 어떻게 들고 가나…."

"아, 그 모자는 위에다 또 쓰면 되지 않아요!"

"남들이 보면 뭐라겠소?"

"뭐라긴요. 여기서 댁까지 가는 길에 사람이 많길 하나…."

"그럼 또 쓸까?"

이렇게 해서 나는 두 손에 물건을 들고, 모자 두 개를 겹쳐 쓴 채 집까지 걷게 되었다. 지나가는 사람들이 힐끔힐끔 쳐다보는 것 같았으나 할 수 없는 일이었다.

K선생과 몇 분이 사는 동네 앞을 지나가는데 K선생의 아들이 "선생님은 모자를 두 개씩이나 쓰십니까?"라고 묻는다.

"그럼 요새는 겨울과 여름의 중간이니까 겨울 모자와 여름 모자를 함께 써야지….

나는 농담처럼 한 마디 남기고 돌아왔다.

어제는 강의 때문에 학교에 나갔다. 마침 K선생께서 손짓을 하며 찾기에 따라갔더니 간단한 얘기 끝에 "아니, 철학자들은 모자를 두 개씩 써야 합니까?"라며 묻는다.

"그건 또 무슨 말씀입니까?"

"우리 어머님이 선생님께서 모자를 두 개씩 쓰고 다니신다고 걱정을 하시던데요?"

"왜요?"

"그러잖아도 우리 어머님은 김 선생님이 철학을 하시는 분이라며 좀 이상하다고 걱정이신데….

"무엇 때문입니까?"

나는 웃음을 참아 가며 물었다.

"그 선생님은 철학 공부인가 뭔가 하시느라고 해가 질 때만 되면 산으로 올라가서 어둡도록 돌아다니고…. 쌀이 떨어졌다고 하면 '그럼 난 한 끼 굶을까?' 그러신다던데…. 오늘 저녁에는 모자를 두 개씩 쓰고 지나가면서 겨울에는 겨울 모자 여름에는 여름 모자를 쓰고, 오늘같이 선선한 날에는 두 개씩 써야 한다고 하셨더라며….

이것이 K선생이 전해 준 그분 어머니의 말씀이었다.

나는 오래전에 "우리 어머니는 철학은 이상한 공부라며 철학 공부 하시는 김 선생님만 보면 궁금한 게 많으신가 봐요"라던 K선생의 말이 생각나서 웃었다.

K선생은 "별일 없지요? 나는 어머니 말씀이 이상해서 얘기한 것뿐이에요" 하더니 강의실로 들어갔다. 나는 뭐라 대답해야 할지 몰랐다. 철학은 인간을 가장 지혜롭게 만든다는데 나는 지혜의 철학 때문에 바보가 되어 가는 것 같다.

판단 보류

··· 지식인은
왜 나약한가

지식인은 나약하다는 말을 자주 듣는다. 마르크스주의자들은 무용지물인 인텔리들을 귀하게 보려 하지 않았다. 그리고 지식인 스스로도 이러한 외부의 비판에 대해 강하고 자신 있는 반론과 주장을 내세우지 못하는 것이 사실이다. 확실히 지식인은 약한 면을 지니고 있으며 또 그것을 수긍한다.

왜 그런가? 거기에는 몇 가지 필연적인 이유가 있다. 우선 지식인은 완전한 인간성의 일부분, 즉 지적인 부분에 치우친 생활을 하고 있기 때문이다. 인간은 원만해지기를 바라며 비판과 더불어 힘을 기르기를 원한다. 그럼에도 불구하고 지식인은 사려와 비판에 치우치고 정의와 힘이 부족하다는 숨길 수 없는 특징을 가지고 있다. 그러기에 그들은 원만한 인간성에 결함이 있으며, 힘의 현실에서는 늘 패배자가 되기 쉽다.

현실 세계와 힘의 역사는 정열과 의지에 의해 이루어진다. 헤겔이 세계사적 정열의 소유자로 역사적 인물을 규정한 것은 확연한 탁상(擢賞, 서로 높임)이라고 볼 수 있다. 그런데 바로 지식인들의 운명적 결함이 이 정열과 의지, 건설의 힘이다. 그러므로 비판이 변하여 불평이 되며 건설적 이념은 둔피적(遁避的, 속세에 나서지 않고 숨어서 피하는) 환상으로 바뀌어 버리고 만다.

문제는 사회의 모든 불건전하고 나쁜 요소가 바로 거기에서 자란다는 것이다. 세상 사람들은 지식인의 이러한 본질적 약점을 보면서 '약하고 무능한 자여, 그대 이름은 인텔리'라고 평한다.

지식인은 플라톤이 제시한 이상국의 통치자를 논하고 콩트가 고찰한 이상사회의 스승들을 연구한다. 그러나 현실 사회를 건설하는 구성원들은 그 태도를 쉽게 비웃어 버리고 만다. 그리스도께서 세상의 아들들은 빛의 아들들보다 더 지혜롭다고 말씀하셨다.

그러나 지식인이 가진 제2의 약점이자 단점은 내향적인 개인주의에 있다. 그들은 쉽게 공리주의자가 된다. 그러나 희생을 각오하는 영웅심은 그들에게 해당하지 않는다. 오히려 자본주의와 결탁하여 귀족적 배경을 쌓기 쉽다. 그러나 대중과 전체를 위한 봉사심은 좀체 움트지 못한다. 말하자면 그들은 비판에 밝아 이론의 산출자가 되지만 건설적 용기와 봉사적 신념을 소유하지는 못한다. 그들은 그것을 알고 있으면서도 행함은 타인에게 의뢰한다. 높은 이념을 찾아서 삶의 현실을 낮은 세계로 멀리 유리(遊離)시켜 버리기 쉽다. 확실히 이것은 지식인의 단점이 아닐 수 없다.

그러나 지식인이 불필요한 존재만은 아니다. 미완성의 지식인은 사회에서 비난을 받아도 할 수 없지만 참다운 지식인은 그 사회의 귀중한 보화임에는 틀림없다. 왜냐하면 하나의 커다란 유기적 존재인 사회는 언제나 많은 불가결의 요소들을 그 안에 내포하기 때문이다.

그러기에 지식인의 지식인다운 의의와 사명은 지식인 자체에 있는 것이 아니고 오히려 사회 전체에서 한 부분으로서의 역할을 담당하는 데 있다. 우리는 심장과 대뇌의 중요성을 비교하지 않는다. 둘 다 불가결의 요소이기 때문이다. 지식인의 사회적 중요성도 바로 이 유기적 역할에 있다. 사회 전체가 지식인이 아니며 지식인을 완전히 제외한 사회도 있을 수 없다.

그렇기에 어떻게 지식인이 사회에 이바지할 수 있으며 전체 사회의 부분적 역할을 다할 수 있는가가 중요한 문제다. 다시 말하면 사회에서 지식인의 책임은 무엇이며, 사회에 대한 최후의 사명과 최소한의 사명은 무엇인가를 물어야 한다.

전자를 가리켜 지식인의 적극적 사명이라 한다면 후자는 소극적 의무라고 보아 좋을 것이다. 자기의 사명을 다하지 못하는 사람은 완전한 인간이 될 수 없다. 나아가 자기에게 주어진 의무를 회

피하는 지식인이 있다면 그는 사회에서 버림받은 인간이 아닐 수 없다.

··· 지식인의 사명은
용기 있는 비판과 판단

지식인이 사회에서 가져야 할 사명은 무엇보다도 사회의 생활과 사상의 이념을 창건하여 제시해 주는 것이다. 대뇌는 판단을 내리고 눈은 앞을 보는 데 책임이 있는 것과 마찬가지로 지식인은 그 사회의 이념을 창조하여 역사적 방향과 운명을 고찰하는 데 본래의 사명이 있다.

만약 그것이 오늘날 우리에게는 불가능하다 치더라도, 다시 말해 적극적 사명과 본래부터 주어진 임무를 감행할 수 없었다고 가정하더라도 지식인이 제2의 의무, 최소한의 책임마저도 회피한다면 무엇이 되겠는가. 그런 지식인은 빛 잃은 등불, 맛 잃은 소금에 불과한 존재가 아니고 무엇이겠는가.

그러면 지식인들에게 주어진 제2의 임무는 무엇인가? 그것은 용기 있는 비판의식과 판단이다. 긍정과 부정을 가리는 것이며, '예스'와 '노'를 명백히 구별하는 것이다.

지식인이 비판의 눈이 흐려지고 사회 정의와 불의를 알면서도 '예스'와 '노'를 가리지 않는다면 그 책임은 누구에게 있으며 그로 인해 찾아오는 사회의 비극적 운명은 누구의 소치(所致)이겠는가? 사회는 지식인에게 기대하는 것이 크지 않을지 모른다. 그러나 판단의 필요를 느끼며 선택의 분기점에 섰을 때는 언제나 지식인에게 기대하는 바가 커지게 마련이다. 그렇기에 그들에게 실망을 주는 지식인은 마침내 그 사회에서 버림을 받는 운명을 자취(自取)해 버리고 마는 것이다.

이와 같이 판단은 지식인의 특권인 동시에 그들의 생명권이기도 하다. 그들에게 주어진 최후의 시금석이며 자신을 비판하는 사회적 지혜의 지침이기도 하다.

판단은 긍정과 부정 중 하나를 택하고 그것을 표명하는 것이다. 정의감과 가치관에 따라 그리고 진리를 위해 '예스'와 '노'를 구별하는 것이다. 나아가 민족의 운명을 좌우하는 것이며 사회의 행(幸)과 불행(不幸)을 결정짓는 것이다.

그러나 문제는 언제나 '예스'가 아니라 '노'에 있다. '예스'는 쉬운 것이며 누구나 다 할 수 있는 내용이다. 그러나 '노'는 많은 난관을 가져오기 쉬운 법이다. 그것은 '예스'는 언제나 이미 주어진 내용에 양(量)을 더하는 것뿐인 반면 '노'는 질적 비약을 초래하는 놀라운 힘의 판단이기 때문이다. 가톨릭 세계에 대한 루터의 '노'와 시대적 전통에 대한 니체의 '노'를 기억해 보면 이해할 수 있을 것이다.

역사의 진실하고 영구한 업적은 '예스'에 있지 않고 오히려 '노'에 있음을 부정할 수 없게 된다. 그렇다. '예스'는 언제나 양을 더하는 것뿐이기에 선에 선을 더하는 것은 문제가 되지 않으나 악에는 악을 더하게 되는 두려움이 뒤따른다. 그러나 역사의 발전이 변증법에 있다는 측면에서 보면 '노'의 판단은 언제나 이념이 발전하는 계기가 되었다.

진정 귀한 것은 '예스'가 아니고 오히려 '노'에 있는 것이다. 그러면 왜 우리는 '노'를 택하지 못하는가? 첫째는 약하기 때문이며 둘째는 공리적 타산 때문이다. '노'를 택하면 탄압이 온다. 힘의 제재를 받는다. 고난을 각오해야 한다. 피할 수 있는, 택하지 않아도 되는 고통이 찾아온다. 따라서 모든 얕은 지혜를 믿는 사람들은 '노'에 대한 판단을 중지하거나 보류하는 것이다. 그리하여 그것은 또 하나의 기회주의로 떨어지고 만다.

그러나 다수의 사람은 알면서도, 인정하면서도 '노'를 밝히지 않는다. 현실적으로 손해가 따르기 때문이다. 지금까지 애써 쌓아놓은 명성과 지위를 위해, 그리고 앞으로 주어질지도 모를 영광과 지위와 황금을 위해…. 지혜로운 처세술에 익숙한 그들은 잠깐 '노'를 보류하면 모든 것이 그대로 유지되거나 더 좋은 것이 올 수도 있을 것이므로 판단을 중지하거나 보류하는 것이다.

이것은 논법(論法)이 아니다. 추상(推想)도 아니다. 우리의 현실이다. 모든 지식인의 공통된 병이며 위험한 생리다. 우리는 지난 선거에서 이러한 모습을 자세히 보았다. 그러한 태도가 지식인의 불필요와 무위성(無爲城)을 더해 주고 있는 것이 아닌가 싶다. 힘 앞에 정의가 굴복한다는 것을 의미하는 것이다. 민족의 진로가 어긋나는 것도 여기에서 기인한다.

그런 의미에서 우리는 판단을 보류해서는 안 된다. 정치에 대해서도, 신앙과 종교적 교권에 대해서도 그렇다. 외국 사상과 문화에 대해서도 그렇다. 선거에 있어서도 그렇고 외국 세력, 미국 문화에 대해서도 그렇다. 그리고 동정에 따르는 원조에 대해서도 마찬가지다.

이 모든 일에 대해 그대로 판단을 보류한다면 어떤 결과를 가져올 것인가? 지식인의 존재 의의는 어디서 찾을 것인가?

180

근사한 건망증

··· 추억으로 남은
소박한 건망증

중학교 때의 일이다. 영어회화 시간에 서양 선교사가 "기억을 한다는 것은 좋은 일인가, 나쁜 일인가"라는 질문을 했다. 물론 교과서에는 "그것은 좋은 일이다"라는 대답이 적혀 있었다. 그러나 한 학생이 "때로는 그것이 나쁘기도 합니다"라고 대답했다. 선교사는 틀렸다고는 말하지 않았다. 빙그레 웃을 뿐이었다.

그 친구의 말처럼 잊으려 해도 잊을 수 없는 사람이나 사건이 있었다면 그야말로 기억력을 원망하고 싶은 때가 있을지도 모른다.

그러나 그와는 정반대의 일들도 있다. 아무리 안 잊으려 해도 잊히는 일이 있다. 사람들은 나이와 더불어 기억력이 쇠퇴하는 증상을 건망증이라 부른다. 건전한, 잘못이 없는, 때로는 그 결과가 좋아지기도 하는 '잊음'을 말하는 것 같기도 하다.

중학교 1학년 때 일이다. 친척 할아버지 댁에서 아침을 먹게 되었다. 이른 아침부터 읽고 있던 책에 무척 재미를 들이고 있는데 세수하고 조반을 먹자는 것이다.

나는 수돗가로 가서 대야에 물을 떠 놓고 두 손을 담갔다. 무척 좋은 기분이 들었다. 두 손을 담근 채로 무슨 생각에 한참 잠겨 있다가 그만 그대로 방으로 들어와 버린 모양이다. 수건들이 걸려 있는 거울 앞에 와서 수건으로 얼굴을 닦으려 했을 때다. 나에게는 아주머니뻘이지만 나이는 나보다 어린 K가 깔깔거리고 웃어 댔다. 모두 K에게로 얼굴을 돌렸다.

"저 봐! 세수는 하지 않고 한참 대야에 손만 담그고 있더니 그대로 올라와서 그래도 얼굴은 닦아야 하는 모양이지?"

그 말에 모두가 웃었다. 나는 도로 나가 세수를 할 수도 없고 얼굴이 달아올라 어찌할 바를 몰랐다.

"어서 앉아서 조반이나 먹어라. 계집애도… 그러면 그렇다고 얘기를 할 일이지 보고 있다가 놀리면 어떡하냐!"

할아버지의 말씀이 겨우 망신스러운 분위기에서 나를 구출해 주었다. 나는 가족과 둘러앉아 조반을 먹고 학교로 갔다.

몇 해가 지난 뒤였다. 중학 과정을 끝내고 대학을 뜻했으나 집안 형편상 도저히 경제적 여유가 허락되지 않았다. 할 수 없이 시골 초등학교에 임시로 직장을 가지고 일 년의 세월을 보내게 되었다. 어느 날 부친께서 기쁜 소식을 전해 주었다. 어쩌면 그 친척 할아버지께서 내 학비를 도와줄 듯싶다는 얘기였다.

　　그러나 이상한 것은 그 할아버지께서 내가 어려서 대야에 손만 담그고 멍하니 있더라는 얘기를 신기하다는 듯 되풀이하시더라는 것이다. 그러면서 "그런 놈은 이다음에 제구실을 할 거야"라고 말씀하셨다고 했다. 그러고 보면 그때 내 행동이 별로 해롭지 않은(부르기는 이상하지만) 건망증인 셈이었다.

　　대학에 적을 두고 있던 때의 일이다. 일찍 강의가 끝난 어느 날 집으로 돌아오는 전차를 탔다. 비교적 승객이 적은 때라 편히 자리를 잡고 앉아 주위를 한 바퀴 둘러보았다. 채 다 둘러보기도 전에 내 눈은 어떤 모습에 붙잡히고 말았다.

　　바로 맞은편 앞자리에 인형같이 아름다운 아가씨가 언제부터인지는 알 수 없으나 열심히 무슨 책인가를 읽고 있었다. 몇 줄을 읽은 뒤에는 내가 앉아 있는 맞은편 천장을 바라보면서 무슨 생각에 잠겼다가 다시 그 아름다운 두 눈을 책으로 떨구곤 했다.

　　나는 그렇게 아름다운 여성을 본 일이 없었다. 더욱이 명상이나 환상에 잠긴 그녀의 두 눈은 무엇이라 표현할 수 없을 정도로 맑았다. 어느 고귀한 화가의 붓이 왜 그러한 아름다움을 그려 내지 못하는지 원망스러울 정도로 예쁘고 성스러운 모습이었다. 나는 오랫동안 움직이는 조각 같은 그 여학생을 바라보느라 모든 것을 잊고 있었다. 미를 찬탄(讚歎)한다는 것이 이런 것을 말함이 아닌가 싶었다.

얼마의 시간이 흘렀다. 나는 그 여학생이 책을 접어 가방에 넣고 내릴 준비를 할 때 비로소 내 생각으로 돌아왔다. 순간 여기가 어딘가 싶어 밖을 내다보았더니, 전혀 와 본 적 없는 낯선 풍경이 눈에 들어왔다. 이미 두 정거장이나 지나쳐 왔던 것이다. 할 수 없이 다음 정거장에서 내렸는데, 그 여자는 전차에서 내려 총총히 자기 길을 걸어가 버렸다.

나는 얼마간 기다려 돌아오는 전차를 타야 했다. 그날 저녁에 나는 S군과 저녁을 같이 먹었다.

"S형, 참으로 아름다운 여자를 본 일이 있소?"

"없는데요."

나는 오후에 있었던 얘기를 했다. 그러나 내리는 것도 잊은 채 두 정거장이나 더 갔다는 얘기는 차마 할 수가 없었다. S군이 내 맑고 높은 미의식을 곡해할 것 같았기 때문이다. 그러나 S군의 대답이 뜻밖이었다.

"그래, 그렇게 아름다운 여자를 보기만 하고 그대로 돌아왔단 말이오? 나 같으면 무조건 집까지 따라가 보았을 텐데…."

S군의 얘기를 듣고 나니 그럴 법했다. 그러나 그때의 건망증마저 없었더라면 내 대학 시절이 얼마나 쓸쓸했을 것인가를 생각해 보면 그 사건이 내 젊음의 넓은 들에 홀로 핀 코스모스처럼 지금도 추억으로 남아 있다.

··· 건망증과
우산에 얽힌 소고

금년에는 일찍부터 장마가 졌다. 아침에 학교로 출근하는데 아내가 제발 오늘은 우산을 잊지 말고 가져오라고 신신당부했다. 누구나 우산 챙기는 일은 잘 잊게 마련이다. 그러나 안 잊을 때보다 잊을 때가 더 많으니 어머니와 아내는 언제나 우산 채근이다.

강의를 끝내고 집에 돌아가려 할 때였다. 어느 분이 차가 있으니 함께 가자며 속히 나오라고 했다. 나는 그대로 차를 탔다. 비는 계속 내렸으나 차 안에 있으니 우산 염려는 없었다. 그리고 신촌역 부근에 왔을 때는 날이 어느 정도 개었기 때문에 역시 우산에 대해서는 생각도 못하고 집에 들어섰다.

"우산은 어떻게 했니?"라고 어머니께서 먼저 물으셨다. "학교에 두고 왔나 봅니다"라고 말하며 미안스러워 머리를 긁적였다. 그러고는 "뭐, 없어지지는 않아요. 다 아는 분들이니까!"라고 덧붙였다.

그날 오후였다. T여고 교장선생으로부터 꼭 좀 와달라는 연락을 받고 다시 집을 나서게 되었다. 빗방울이 떨어지더니 아니나 다를까 역시 우산이 필요했다. 또 깜박할까 봐 안 준다는 것을 억지로 달라고 해서 집을 나섰다. 자주 잃어버리니까 우산마다 이름을 써 놓았기 때문에 사실은 어딘가 두고 와도 안심은 되었다.

T여고에서 용무를 끝냈을 때는 날씨가 완전히 갠 상태였다. 나

는 우산 같은 것은 생각도 않고 집으로 돌아왔다. 모친과 아내는 물론 어린 것들까지 합세해서 공격이 대단했다. 내일 또 비가 오면 어떻게 하느냐는 것이었다. "내일은 비가 안 올 테니까 괜찮고, 우산에는 이름이 적혀 있으니까 잃어버릴 염려는 없어" 정도로 말해 두고 내 방으로 들어가 버렸다.

이틀 뒤였다. 학교에 있는데 오후에 갑자기 날씨가 흐려지더니 비가 내리기 시작했다. 다행히 나는 그전에 깜박하고 두고 온 우산이 있었기에 집까지 잘 돌아올 수 있었다. 그날 저녁 가족과 둘러앉아 밥을 먹고 있는데 같은 동네에 사는 T여고의 여선생이 찾아왔다.

"비는 오고 우산이 없어 걱정하고 있는데 교장실에 임자 없는 우산이 있잖아요. 펼쳐 보았더니 글쎄 김 선생님 우산이 아니겠어요? 얼마나 기쁘던지. 그래 제가 쓰고 왔어요. 참 감사했습니다. 그리고 이것은 작은 것이지만 교장선생님께서 고맙다고 전해달라고 해서 같이 가지고 왔습니다."

그는 그렇게 인사를 남기고 돌아갔다. 가져온 물건 속에는 어린 것들이 좋아하는 과자가 한 상자 들어 있었다. 모두들 좋아라고 야단이었다. 나는 이때다 싶어 "봐! 우산을 잊었다고 야단들 하지만 난 다 이런 계획이 있어서 하루에 우산을 두 개씩이나 맡겨 두고 다니는 것이라고…."

작은 딸아이가 신이 났던 모양이다. "언제나 우리 아버지가 제일이야"라고 떠들어 댔다.

몇 주 전의 일이다. 종로까지 볼 일이 있어 나가게 되었다. 시간 여유도 있고 해서 양서를 취급하는 서점에 잠깐 들렀다. 다행히도 논문을 정리하기에 도움이 될 만한 책이 한 권 눈에 띄었다. 한참 들춰보다가 책값을 치르고 문밖에 나왔을 때 중단됐던 논문의 줄거리가 다시 머리에 떠오를 것 같았다. 좁은 서재, 쓰다 만 채로 책상에 놓여 있을 원고지가 눈에 보이는 것 같았다.

바로 그때 "신촌!" 하고 부르는 합승 차장의 고함소리가 들려왔다. 몇 해 동안 신촌으로 가는 차를 타는 것이 버릇이 되었던 나는 합승차 안을 들여다보았다. 차 안에는 단 두 사람이 앉아 있을 뿐이었다.

'마침 잘됐군. 이렇게 편히 타 보기는 오랜만인데….'

나는 그대로 차를 탔다. 광화문을 지나고 서대문까지 왔을 때였다. 내가 볼 일이 있어 나갔다는 사실이 머릿속에 떠올랐다. 나는 지금 약속도 잊은 채 신촌행 차를 타고 그대로 돌아오고 있는 것이었다.

'이것 큰일났군. 다들 기다릴 텐데….'

부랴부랴 다시 내렸다. 맞은편 쪽으로 길을 건너려는데 누가 "K형 같이 갑시다"라고 불렀다. 출판업을 하고 있는 E형이었다. E형은 따라오면서 작년에 말했던 역사에 관한 원고가 어떻게 되었느냐고 물었다. 나는 윤리에 관한 것을 정리하기까지 한 2년만 더 기다려 달라고 간청했으나 안 된다는 대답을 들었다. 할 수 없이 계획을 바꾸어 역사에 관한 집필이나 번역이라도 내년 3월까지는 탈고해 주기로 약속해 버렸다.

　이것도 또 하나의 뜻하지 않았던 건망증의 결과였다. 내년 3월 말 건망증의 결과가 무엇으로 나타날지는 나 자신도 알 수 없는 일이다.

무엇을 어떻게 읽을까?

··· 고전을 먼저
읽어야 하는 이유

담장 밑에 귀뚜라미 소리를 벗 삼아 책을 읽으며 깊어 가는 긴 밤을 즐기는 계절이 찾아왔다. 가을과 독서의 맛을 경험해 보지 못한 문화인이 있다면 적잖이 불행한 사람이거나 즐거움과 취미를 잃은 사람의 하나가 아닐까 싶다.

그러나 독서의 계절을 맞이할 때마다 약속한 듯이 찾아오는 질문이 있다. "무슨 책을 어떻게 읽을까?"라는 질문이다. 비단 가을에만 해당하는 얘기는 아닐 것이며, 문화인이라면 항상 갖게 되는 질문이 아닐까 한다.

그러나 이러한 질문을 하는 사람들은 거의 대부분 독서를 하지 않는 사람임에 틀림없다. 꾸준히 책을 읽어 온 사람들은 이미 혜

아리기 곤란할 정도로 읽을 책을 많이 알고 있을 것이고 독서의 방법을 묻기 전에 이미 먼저 읽고 있는 사람이기 때문이다. 책을 읽어가노라면 자연히 읽고 싶은 책이 생기는 법이며 꾸준히 독서를 계속하다 보면 반드시 읽기 좋은 방법이 깨달아지기 마련이다.

모래밭에서 헤엄을 배우는 사람들이 많다. 그러나 결국 수영은 물에서가 아니면 배울 수 없다. 그런 의미에서 독서란 우선 읽어야 하며 읽는 동안 내용과 방법을 찾게 되는 것이 순서다. 그래도 약간의 도움이 된다면 다음과 같이 두서없는 얘기라도 남겨 볼까 한다.

독서와 외국어 공부는 될 수 있는 대로 일찍 시작하는 편이 좋다. 이 두 가지는 주로 기억력이 뒷받침되어야 하기 때문이다. 그러기에 과거의 모든 업적을 남긴 학자들 중에는 일찍 외국어를 배웠고 어려서부터 독서에 뜻을 둔 이가 많았다. 심리학자의 말을 빌린다면 동양 사람들의 평균 기억력은 17, 18세가 최고라고 한다. 그렇다면 전문 분야가 아닌 독서는 될 수 있는 대로 일찍 해 두는 것이 좋을 것이다.

가능하면 중학교 시절에 교과서를 중심으로 일반적인 책들을 읽어 두는 편이 좋다. 위인전, 사실을 중심으로 한 역사책들, 문장과 내용이 충실한 문예 작품들, 건전한 도의성을 지닌 작품들까지.

고등학교 때는 양적으로 많은 독서를 하면 좋지 않을까 한다. 주로 한 번은 읽어야 할 교양 도서들은 가능한 한 맘껏 읽어 두는 것이 좋다. 특히 대학에 들어가면 곧 전공 분야의 독서가 요구되기 때문에 고등학교 시절과 대학에서의 1년 동안은 주로 폭넓은 내용의 인문학 분야 저서들을 읽어 두면 좋다. 좁은 범위의 학문을 전공하기 전, 인간성을 풍부히 하기 위한 저서들을 접하는 것밖에는 방법이 없다. 이미 세계적으로 검증된 문예 작품들과 교양을 위한 고전 저작들은 반드시 읽어야 할 것이다.

흔히 외국어를 충분히 공부한 뒤에 읽겠다는 태도를 취하는데, 물론 그것도 좋은 방법이지만, 외국어가 한 종류만 있는 것이 아니므로 믿을 만한 번역이라면 번역된 책을 읽는다고 해서 전혀 나쁠 것은 없다. 전문적이고 좋은 내용이라고 생각되면 나중에 원문으로 읽으면 되고, 또 그때는 그때대로 읽고 싶은 책들이 많이 나오기 때문이다.

그리고 될 수 있는 대로 고전을 택해 읽어야 한다. 하나의 고전을 읽는 것은 열 권의 시대물을 읽는 것보다 귀하다. 물론 자연과학 분야도 읽어야겠으나 적어도 사상과 전통에 관한 내용이라면 반드시 고전을 먼저, 그것도 많이 읽어야 한다.

셰익스피어의 문학이나 칸트의 철학에 관한 독서를 하려면 충분히 이해하지 못한다 해도 그들이 직접 쓴 저서를 읽는 것보다 유익한 것은 없다. 따라서 누구든지 해설서나 비평서를 읽기 전에 먼저 고전을 직접 읽는 것이 중요하다. 나도 과거에 여러 번 괴테에 관해 들었고 또 읽었다. 그러나 괴테를 내가 친히 알아서 내 것으로 만들기까지는 그의 《파우스트》를 비롯한 몇 권의 저작을 읽음으로

써 가능했다. 그 전에는 괴테를 깊이 알 수 없다.

··· 꾸준한 독서는
인격에 물 주기와 같다

두 번 이상 읽고 싶지 않은 책은 한 번 읽을 필요도 없다는 말은 독서가들이 공인하는 진리다. '이다음에 한 번 다시 읽어야지!'라고 생각되지 않는 책은 한 번 읽을 가치도 없는 책이기 때문이다.

이렇게 본다면 결코 심심풀이로 시간이나 보내기 위해 도움도 안 되는 책을 읽을 필요는 없다. 더욱이 대수롭지 않은 개론서 같은 책은 한 권 이상 읽어야 아무 소득이 없다. 오히려 그 시간에 다른 책을 읽는 편이 좋을 것이다.

가장 대수롭지 않은 일 가운데 하나는 문화 수준이 그리 높지도 않은 베스트셀러라는 책들을 골라 읽는 독서 형태다. 사상의 질은 결코 양과 정비례하는 것이 아님은 하나의 상식이다. 때문에 독자는 언제나 스스로가 뚜렷한 내용의 비판자가 되지 않으면 안 된다. 세계의 고전들이 오랫동안 대중에게 이해되지 못했던 실례는 얼마든지 있지 않다.

흔히 고전을 권하면 너무 어려워서 잘 이해되지 않는다고 말한다. 그것은 사실이다. 물론 특별하면서도 학술적인 고전들에 이해하기 힘든 부분이 있는 것은 당연하다. 그러나 정신을 키워 주는 교양이나 고전문학 분야의 저서들을 대학생들이 이해하지 못한다면 누가 그것을 읽을 수 있겠는가? 그러한 저서들 중 어떤 것은 저자의 나이 30대 전후에 집필한 저작물도 있다는 것을 생각하면 이해 못하는 책임이 그 책에 있는 것이 아니고 우리 자신에게 있는 것이 아닐까 싶다.

사실 어떠한 책을 이해한다는 것은 본래부터 그리 용이한 일은 아니다. 충분히 이해할 수 있어서 "이것쯤이야" 한다면 그것은 사실 읽을 필요도 없는 책이다. 이해하면서도 더 깊은 무엇이 남아 있기에 그 책을 읽는 것이 아니겠는가. 그리고 어떤 책을 통해 그 내용을 안다는 일은 마치 콩나물에 물을 주는 것 같아서 다 흘러가고 아무것도 남는 것 같지 않아도 그동안에 자신이 자란다는 것을 잊어서는 안 된다.

이해한다는 것도 마찬가지다. 우리가 매일 살아가면서 어떤 사람의 이름을 듣고 얼굴을 익혀 가는 동안에 그 사람을 이해하게 되는 것처럼 다양한 책을 읽어 가는 동안에 처음에는 낯설었던 개념들이 점점 익숙해지고, 그러는 사이에 이해의 길이 점차 넓게 열려 자기의 인생관과 세계관이 형성되기에 이른다.

그러므로 한 번에 다 이해되지 않는다고 고민할 필요도 없으며 곧 실망하여 돌아설 필요도 없다. 이해되지 않으면 이해되지 않는

대로 꾸준히 읽어 가다 보면 그것이 오히려 후일에 잘 이해되기도 한다. 나는 중학교 2학년 때 톨스토이의 《전쟁과 평화》를 읽었다. 물론 그때 무엇을 이해했겠는가? 독서의 지도를 받지 못했음이 한스러울 뿐이다.

나는 대수롭지 않은 대중소설을 읽고 있다가 《전쟁과 평화》를 손에 쥔 뒤에 감격했던 기억이 있다. 더 중요한 것은 톨스토이가 나도 모를 힘을 가지고 내 인간 형성에 큰 영향을 주었다는 사실이다.

고전을 꾸준히 침착하게 읽어 나가는 것은 정말 중요하다. 어떤 이들은 독서를 하려고 해도 도무지 시간이 없다고 가벼운 핑계를 대기도 한다. 그런 변명을 하는 이들 중에는 학생보다 사회인이 많으며 사회에서도 한자리한다는 사람들이 더 많다. 그러나 그것은 성립되지 않는 변명이다. 사실 따져 보면 독서에 쏟는 시간보다 더 귀한 시간은 없다. 그리고 독서를 위한 시간이 따로 있다고 생각해서도 안 된다. 독서하는 시간이란 만들면 만들수록 많아지나, 시간이 날 때 읽어 보려는 사람에게는 결코 찾아오지 않는다.

짧은 토막 시간을 아껴 쓰지 못한다면 결코 그 일을 위해 따로 시간이 주어지는 일은 없음을 알아야 한다. 짧은 자투리 시간을 잘 이용하는 사람이 그 일을 위한 시간을 소유하게 된다. 5분, 10분의 시간을 아껴 가며 독서하는 사람이라야 마침내 한 시간 두 시간의 독서 시간을 가질 수 있는 법이다.

시간이 없는 것이 아니라 노력이 부족한 것이며 바쁜 것이 아니라 무엇이 귀중한가를 분별하지 못하는 데서 기인하는 것이 아닐까 한다. 내가 잘 아는 어떤 학자는 신문을 읽는 데 20분 이상을 보내는 사람을 이해할 수 없다고 말한 적이 있다. 그는 신문은 제목만 보면 되지 그 이상 더 볼 필요가 있는지 반문했다.

··· 인물 중심
독서의 유익

흔히 독서를 하는 데는 두 가지 태도가 있다고 한다. 난독(亂讀), 즉 다독(多讀)과 정독(精讀) 또는 책을 선택해 가면서 적게 읽는 선독(選讀)이 그것이다. 어떤 학생은 이 둘 중에 어느 편이 더 좋으냐고 묻기도 한다. 그러나 나는 이 두 가지 독서의 태도가 모두 있어야 하며 또 필요하다고 생각한다. 전자는 독서의 처음 태도이며, 후자는 독서의 습관이 어느 정도 깊어진 뒤에 택하게 되는 자연스러운 현상이다.

처음, 그리고 비교적 어려서 독서를 시작할 때는 보통 가리지 않고 무엇이나 읽게 된다. 책을 선택하거나 자세히 읽어 나갈 마음의 여유도 생기지 않는다. 그러다가 그 기간이 지나면 자연히 내용의 우열을 가리게 되어 저자의 사상과 필치까지도 비교하게 되는가 하면 그 뒤에 미칠 정신적 영향까지도 비판해 보게 된다. 마치 상품을 가려 가며 사는 것처럼 오래 지나는 사이에 자기도 모르게 독서의 가치와 방법을 스스로 분별하게 되는 것이다.

때문에 아무 비판 없이 독서를 한다면 모를까 스스로의 독서에 관심을 가지고 관리한다면 반드시 어떠한 기간의 난독 뒤에는 정독과 선독의 기간이 찾아오게 마련이다. 취미로 읽던 것이 내용을 찾게 되며 비판 없이 읽어 왔던 것이 논리와 체계의 구성을 더듬어 보게 된다.

그대로 읽어 보내기 아까우면 밑줄을 쳐 두기도 하며, 마음에 드는 문장은 되풀이해 읽어 보기도 한다. 다독 시기의 광범위했던 내용이 선독을 하면서는 적게 읽으면서도 깊어지는 것을 스스로도 느끼게 된다. 그리하여 마침내는 전공 분야에 속하는 저서들을 자연히 정독하게 되고 그 밖에 일반적인 것들은 그대로 평범한 취미로 읽어 가는 습관이 자리 잡게 된다.

선독과 정독 뒤에는 무엇이 오는가? 중학교에서 고등학교 2학년까지가 다독의 시기에 속한다면 고등학교 3학년에서 대학교 1학년까지 누구나 정독의 맛을 느껴 보리라 생각한다. 대학생활 1년이 지났는데도 불구하고 교과서나 교재 이상의 독서를 별로 한 일이 없다면 학생으로서 자신의 생활태도를 점검해 볼 필요가 있다.

정독의 기간이 익어 갈 무렵에 가능하다면 위인이나 훌륭한 인물을 연구하는 독서의 기간을 갖는 것도 바람직하다. 자기가 전공

하거나 가장 관심을 가지고 있는 어떤 개인을 택해 그의 자서전이나 전기를 읽으면 그의 인품과 사상의 대략을 이해할 수 있다. 나아가 그의 중요한 저서들을 연대순으로 읽어 간다면 짧은 시일에 놀라운 성과를 얻을 수 있으리라 믿는다. 반드시 그의 저서를 다 읽을 필요는 없다. 한 학자나 사상가의 중요한 저작만 순서대로 읽어도 마치 어떠한 노정(路程)을 결정짓는 표준을 정한 것처럼 일생에 큰 도움이 될 뿐더러 독서와 사상 그리고 학문에 있어서도 자부심을 갖게 될 것이다. 그러나 그때에도 너무 학구적이거나 깊은 내용을 다루는 것은 피하는 것이 좋다. 그런 내용은 후일의 과제로 다시 나타나기 때문이다.

개인 연구의 독서도 한두 사람 정도면 족하다. 그 뒤에 다시 그런 독서를 하려면 우리의 관심은 이미 더 차원 높은 분야로 옮겨 가 있기 때문이다. 나 자신도 중학교(지금의 고등학교)를 마치면서 톨스토이를 거의 완독했다. 그 뒤에는 니체를 그 방식대로 읽으려고 했으나 필요성이 덜 와 닿았고 제3의 인물에 가서는 그 일을 포기해 버리고 말았다.

거기에는 두 가지 큰 이유가 있었다. 하나는 시간만 있으면 그 일은 자신 있게 할 수 있을 것 같았고, 다른 하나는 독서에 관한 관심과 필요성이 벌써 다른 데로 옮겨 가고 있었기 때문이다.

대학 2, 3학년 학생들에게는 이미 약간 늦었을지 모르나 한두 번은 꼭 인물 중심의 독서를 해 보기를 권한다. 반드시 일생에 잊을 수 없는 큰 소득이 있으리라 믿는다. 그리고 그 대상은 꼭 사상계나 학계에서 중심적이며 고전적 의미를 가지고 있는 사람을 택해야 한다. 유행하는 작가라거나 사상적으로 편중된 위치에 있는 사람을 택할 필요는 없다.

이러한 다독과 정독 그리고 개인 연구 뒤에 마지막으로 오는 것이 문제 중심의 독서다. 학문을 하거나 저서를 쓰려는 사람들, 무엇인가 남기고 싶은 사람들의 독서 방법이다. 그것은 먼저 어떠한 문제와 학문적 과제를 택하고 그 문제의 해결을 위해 여러 학자의 이론과 많은 저서의 필요한 부분을 읽어 나가는 방법이다.

졸업논문을 써야 한다면 아마도 그 과정이 학생 시절에는 마지막으로 맛보는 독서의 방법이 되지 않을까 한다. 자기 문제의 해결, 주어진 연구의 결실을 위한 가장 높은 단계의 독서 방법 중 하나다. 그리고 그 뒤에는 그 내용들을 어떻게 더 깊이 있고 체계적으로 이해할까에 관심이 있을 것이므로 그것 역시 문제 중심의 독서임에는 틀림없다.

집중하기

 물론 모든 독서가 이러한 방향과 과정을 거친다는 것은 아니다. 독서에 관한 외부 지도를 받지 못한 나의 얕은 경험으로는 이러한 순서와 내용이 나 자신의 과거에 있지 않았던가 생각되어 적어 본 것뿐이다. 적은 도움이라도 된다면 다행이겠다.

 그러나 이상한 것은 최근에는 점점 독서의 양이 줄어들고 있다는 사실이다. 그것은 읽어야 하는 시간만큼 생각해야 하며 또 생각하는 만큼 시간을 써야 하기 때문에 한 권의 책을 손에 잡고 독서가 끝나기까지 상당히 긴 시일이 걸리는 때도 있다.

 어떤 때는 바로 읽지는 못하나 이다음에 이러한 문제를 연구하게 될 때 필요할 거라는 생각에 책을 미리 한두 권 사기도 한다. 하지만 이렇게 사 두었다가는 공부 주제가 바뀌게 되면 그대로 읽지 못하는 경우도 많다.

 중요한 것은 어떻게 읽어야 하는가보다 무엇을 읽을까 하는 것이다. 여기에 그 내용과 설명을 일일이 다 들 수도 없고 또 그것은 전문으로 다루는 방향과 입장에 따라 많은 차이를 가져올 것이다.

 무엇보다 먼저 역사와 문화를 개척해 온 선인들의 생활과 교양, 인격 형성을 위한 서적들은 반드시 읽어야 한다. 각 종교나 도덕, 교양을 위한 저서는 언제나 우리 마음의 양식이 되기 때문이다. 새로운 사조와 문화에 도취되어 있는 청년들에게 성경과 몇 권의 불경 및 논어(論語)와 노자(老子) 등을 읽어야 한다고 하면 이상하게 생각할는지 모른다. 그러나 억지로라도 읽어 보라. 어떤 책을 읽더라도 그보다 귀한 내용과 마음의 양식을 얻을 길은 없을 것이다. 그런 성현들 덕분에 역사가 빛나며 그들의 마음과 정신을 통해 오늘 우리 삶의 원천을 얻을 수 있었다고 느낀다면 그 독서자는 큰 행복과 기쁨을 얻게 될 것이 틀림없다.

한때 프랑스의 볼테르나 독일의 니체 같은 이들이 기독교를 매우 반대한 적이 있었다. 그러나 그들의 정열과 기지와 매혹적인 문장을 전부 모아 본들 어찌 한 편의 '성경'을 당할 수 있겠는가? 그뿐만 아니라 동서양의 모든 사상과 문화가 이 성현들로부터 흘러나와 그들에 의해 자랐다는 엄연한 사실을 기억한다면 먼저 인류의 스승이 남긴 교훈을 읽는 것은 지극히 당연한 일이다.

그리고 둘째로 택해야 할 책은 인간의 인간됨을 뜻하는 인간성의 고양을 위한 저서들이다. 전문적인 과학이나 특수한 예술, 기발한 표현을 동반하는 시대사상이 아닐지라도 인간적 성장을 위한 교훈이 담긴 훌륭한 위인들의 저서를 읽는 일은 게을리 하지 말아야 한다.

예를 들면, 성 아우구스티누스의《참회록》,《성 프란체스코의 전기》, 루소의《참회록》, J. S. 밀, 칸트, 톨스토이나 슈바이처 같은 위인들의 자서전이나 전기, 법률학자 카를 힐티의 여러 저서들,

플라톤의《소크라테스의 변론》, 단테의《신곡》, 파스칼이나 키르케고르의 중요한 저서들은 그 내용이 어떠한 형태로 쓰여 있든 우리의 인간적인 성장과 완성을 위해 반드시 읽어야 할 책들이다. 물론 여기에서 거론한 몇몇 책에만 해당하는 것은 아니다.

셋째로 읽어야 할 좋은 책은 문화인다운 교양을 위한 책이다. 물론 각자의 전문 분야에 관한 책들은 다른 사람이 권하지 않아도 당연히 읽을 것이다.

그러나 학문을 위한 전공 분야도 아니고 삶의 전문 분야에 속하는 내용이 아닐지라도 문화인을 자처하는 교양인으로 도외시할 수 없는 책이 많이 있다. 예를 들어 세계적 고전에 속하는 문예 작품들이 그것이다. 물론 모든 사람에게 문예적 소양이 반드시 요청되어야 한다고 생각하지는 않는다. 그러나 문예 작품을 즐기며 꾸준히 읽어 나가는 것은 자신의 일생에 막대한 도움을 준다는 사실을 잊어서는 안 된다.

그것은 비단 수준이 높고 사상적 무게가 있는 세계문학이나 시 같은 작품만을 말하는 것이 아니다. 이념의 빈곤이 인정되고 내용이 대수롭게 보이지 않더라도 훌륭한 문장과 예술 작품에 접근하지 않으면 안 된다.

어쨌든 인간은 표현하는 생활을 해야 하며 말이나 문장으로 표현하는 데는 무엇보다도 문예적인 방법과 수단을 빌려야 하기 때문이다. 만일 조금만 주의 깊게 손에 잡히는 문장에 관심을 기울인다면 그것이 문예적인 소양을 지닌 것인지 아닌지 쉽게 발견할 수 있을 것이다.

그 실제를 보기 위하여 50, 60대들의 문장을 읽어 보라. 그들의 문장이 얼마나 구태의연한 표현에 붙잡혀 싫증을 느끼게 하는지 곧 발견하게 될 것이다. 때로는 어학을 전공했거나 국어학을 연구한 사람 가운데서도 문장과 표현의 호흡이 어딘가 어색한 것을 자주 발견하게 될 것이다.

그럼에도 불구하고 연령이나 세대의 구분 없이 항상 새롭고 오늘날의 호흡과 접점이 있는 문장을 쓰는 사람들이 있다. 그리고 그들은 거의가 깊이 있는 문예 작품들을 읽은 교양의 소유자임을 발견하게 된다. 그들을 일일이 찾아내기도 어렵고 또 그럴 필요도 없다. 예컨대 지난날의 작가였던 이들의 문장을 다른 저자들의 것과 비교해 보면 그들의 문장이 왜 신선한지 어렴풋이 짐작이 갈 것이다. 문학적인 고전을 권하는 이유 중 하나가 바로 여기에 있다.

··· 책을 통해
감격의 눈물을 흘리다

예술 작품들이 어떻게 우리의 감정을 순화시키며 삶의 내용을 윤택하게 해 주는가는 더 말할 필요도 없다. 지난날 존경받은 많은 학자들이 고전 문장들을 암송하고 있었던 사실을 우리는 잘 알고 있다.

일본에서 청년들에게 좋은 지도자 중 한 사람으로 존경받던 아베 지로(阿部次郎) 교수는 감격의 눈물을 흘리며 읽은 두 권의 책을 소개했다. 그 하나가 톨스토이의《안나 카레니나》였다. 나도 몇몇 장면에서 눈물을 흘렸던 기억을 잊지 못한다.

K대학의 P교수를 만났을 때 그는 나에게 "김 선생은 괴테의《젊은 베르테르의 슬픔》을 언제 읽었어요? 나는 대학 예과 때 읽었는데 며칠 동안 온통 눈물과 감격으로 보냈습니다"라고 말했다.

그렇다고 해서 그 몇 권의 책들이 반드시 고귀한 것이라고 판단하는 것은 아니다. 다만, 중요한 것은 그 작품을 읽고 감격의 눈물을 흘렸다는 데 있다. 인간이 일생에 몇 번 맛볼까 말까 한 감격과 흥분을 그들의 저서를 통해 얻었으니 얼마나 귀한 일인가.

나는 아직도 도스토옙스키의《죄와 벌》,《카라마조프가의 형제들》을 읽었을 때의 무거운 감격을 잊을 수 없다. 그가 쓴《죽음의 집의 기록》은 어느 작품보다도 휴머니티의 존엄성을 알려 준 작품이다. 어렸을 때 빅토르 위고의《레미제라블》읽기를 끝내고 종일 들길을 거닐면서 감격에 잠겼던 일도 아직 기억에 새롭다. 또 그와 반대로 스웨덴의 작가 A. 스트린드베리의《치인(痴人)의 고백》을 두렵게 읽었던 기억, 몇 해 전에 읽은 카뮈의《이방인》을 증오심을 품어

가면서 읽었던 기억도 남아 있다.

한때 톨스토이, 입센, 앙드레 지드, 토마스 하디, 니체, 도스토옙스키, 토마스 만이 우리 사회에 어떤 영향을 주었는지 생각해 보라. 문학의 위대성은 물론 그 예술성과 작품들을 통한 인간적 고백과 반성, 삶의 비판과 가치추구에 대한 적극적인 힘과 정성이 더욱 귀한 것이 아닌가 생각한다. 이런 의미에서 고전적 가치를 평가받은 문학 작품들을 널리 읽어 주기를 바라는 것이다.

나아가 고대 그리스의 호머나 소포클레스의 작품들, 로마인들에 의한 처세적 교양서, 단테로부터 시작되는 르네상스 이후의 대표적인 저서들, 셰익스피어를 비롯한 영국 문학의 고전 작품들, 괴테의 《파우스트》와 《시와 진실》, 괴테의 조수이자 제자였던 요한 에커만의 《괴테와의 대화》, 세르반테스의 《돈키호테》, 프랑스의 위대한 작가들의 이름을 어찌 잊을 수 있겠는가.

물론 이러한 책들을 빠짐없이 다 읽어야 한다는 것은 아니다. 이러한 작품들이 그대로 모든 사람의 독서 성향에 맞는다는 것도 아니다. 더 좋고 귀한 책들이 아직도 많이 있을 것이며 그 책들의 무진(無盡)한 정신적 가치도 찾아야 함은 말할 필요도 없다. 그러나 이상에 열거한 몇 권의 문예적인 저작들은 한 번쯤은 읽어 둘 만하다고 믿는다.

교양을 위한 또 한 부류의 저서는 사상적 고전성을 지닌 세계사 내지 문화사적인 책들이다. 그것은 마치 바흐나 베토벤의 음악을 모른다 할 수 없으며 미켈란젤로의 조각이나 렘브란트의 그림은 본

적이 없다고 말할 수 없는 정도로 알고 있어야 할 책들이다.

물론 그 가운데는 상당히 전문 분야에 속하는 책들이 없지 않다. 그러나 한 가지 주의해야 할 것은 현대에서 근세로, 근세에서 고대로 올라갈수록 전문적인 내용의 책들이 누구에게나 이해될 수 있는 보편성을 가지고 있다는 점이다.

우리가 흔히 철학자라고 부르는 플라톤이나 아리스토텔레스의 저서들은 읽어도 이해하지 못하는 부분이 많지 않을 것이다. 또 서양의 모든 학문이 이 두 철학자와 무관하게 존립할 수 없었다는 점을 감안하면 그들의 저서는 물을 것도 없이 읽어야 할 책들이다.

그러므로 교양을 위한 사상적 고전들을 꼭 읽어야 한다는 말은 결코 무리한 요구가 아닐 것이다. 마르크스를 읽지 않고 마르크스주의를 논한다는 것은 이상한 일이며 키르케고르나 하이데거, 야스퍼스를 읽은 일 없이 실존철학을 얘기하는 것도 억지다.

이러한 사상가들이 문화사를 통틀어 남긴 귀중한 업적을 소홀히 여겨서도 안 된다. 어찌 키르케고르·니체·마르크스·콩트 등이 없는 19세기 후반기를 상상할 수 있으며, 칸트나 헤겔과 무관하게 독일의 관념론을 논할 수 있는가. 마찬가지로 어떻게 몽테스키외·볼테르·루소를 떠나서 18세기 말의 사상사를 얘기할 수 있는가.

이렇게 본다면 성 아우구스티누스의 《신국(神國)》이나 데카르트의 《방법서설(方法序說)》 같은 책들은 그 한 권을 가지고 그 시대의 세계사적 임무를 다했다고 볼 수 있을지도 모른다. 우리가 흔히 '주의

(主義)'라고 하는 사상적 선도자들의 저서들은 한 번은 접촉해야 할 책들이 아닐까 한다.

··· 역사와 철학
풍부히 읽기

끝으로 한 가지만 더 당부하고 싶은 것은, 대학 시절에는 반드시 역사와 철학에 대한 교양을 풍부히 쌓으라는 것이다. 모름지기 인간성과 학문을 위한 가장 보편적인 교양이 필요하다면 그것은 무엇보다도 역사와 철학이 아닌가 생각된다. 그렇기에 폭넓고 깊이 있는 전통과 방법론으로 학문을 수립하는 유럽 대부분의 대학이 교양과목으로 이 둘을 중시하는 것도 다 그런 이유에서다.

물론 여기에서 말하는 역사와 철학은 역사를 위한 역사, 철학을 위한 철학을 의미하는 것이 아니다. 우리의 삶과 문화 및 학문이 어떻게 형성되어 오늘에 이르렀는가를 찾아보는 것이 역사이며, 어떠한 방법과 체계로 사색을 전개하고 학문을 형성했는가를 연구하는 것이 철학이다. 역사와 철학에 대한 관심을 환기시키고자 하는 뜻은 이와 같이 충실한 휴머니티의 길과 모든 학문의 내용이 거기서 비롯되기 때문이다.

여기까지의 내용에서 취급하지 못한 문제는 후일의 과제로 돌려야 할 것이다. 전문 분야에 관한 독서와 그 방법은 지금 논하는 범위 밖의 문제다.

그러나 만일 우리 가운데 전문 분야가 아닌 방면의 교양적인 독서를 원하는 이가 있다면 어떤 방법을 취하는 것이 좋을까? 잘 정리된 두 가지 개론 책을 읽는 방법이 있다. 예를 들어 철학을 전공한 사람이 정치학에 관하여 충실한 내용의 공부를 하고자 한다면 우선 대표적인 '정치학사'와 '정치학 개론서'를 택할 것을 권한다. 그 두 책을 통해 정치학의 흐름과 주어진 과제의 해결을 위한 내용을 충분히 얻을 수 있기 때문이다. 그 뒤에 다른 학설사나 개론은 더 읽을 필요가 없다. 오히려 대표적인 정치학자의 저서를 직접 읽는 편이 좋을 것이다.

그리고 동양의 좋은 책들과 우리나라의 고전들, 또 현대의 중요한 저서들도 동일한 방법으로 읽어야 함은 더 말할 필요도 없다. 그것은 우리에게 주어진 중대한 과제인 동시에 의무라고 보아도 잘못이 아니다.

독서가 물론 삶의 목적은 아니다. 그러나 삶을 윤택하게 하여 행복을 찾는 수단이자, 학문과 문화를 창조하여 새로운 생의 의의를 발견하게 하는 가장 좋은 도구임은 부정할 수 없다. 신체가 음식물을 취하여 삶을 보전하듯이 사람의 마음은 독서를 통하여 성장하며 인간다운 인간이 된다.

5부

고향

고향

··· 진달래 피고
뻐꾸기 우는 내 고향

    고향. 이 얼마나 정취 그윽한 음향인가? 부르고 보면 향기인지 꿈인지 모를 고향의 안개가 바로 나의 모든 감각기관으로 스며드는 것처럼 느껴진다. 고향이 없는 사람도 있을까?

    나는 어려서 부모, 형제들과 더불어 고요한 산촌에서 살았다. 일곱 살인가 되던 해 봄날, 어머니는 나에게 "우리가 저 먼 북진(北鎭)에서 여기로 이사 온 지도 벌써 두 해나 되었다"고 말씀하셨다. 나는 그때부터 그 북진이라는 곳이 몹시 알고 싶었다.

    높은 산 맑은 골짜기로 물이 거품지어 흐르는가 하면 산짐승들이 소나무 숲을 거닐고, 이름 모르는 산새들이 노래를 부르는 곳이려니 생각했다. 어머니에게 들었던 그대로 산 아래 작은 오막살이

가 앉은 듯이 자리 잡은 주변에는 복숭아꽃이 피고 가을에는 단풍이 지는 꿈나라 같은 마을을 자주 그려 보았다. 다섯 살 되던 해에 떠나온 북진의 모습은 아무것도 기억에 남지 않았으나 세월이 흐를수록 그곳에 대한 그리움과 애착은 더욱 깊어 갔다.

초등학교 3학년 때쯤이었던 것 같다. 나는 작문 시간에 '내 고향'이라는 글을 지었다. 내 어린 시절의 꿈을 안아 주었던 북쪽 땅의 산과 숲을 비롯해 냇물, 오막살이, 밤하늘의 별들까지 힘껏 아름답게 그려 보았다. 그리고 그 뒤로 스무 살이 넘어 내가 자란 산촌을 떠나기까지 꿈에 그리던 북진은 그대로 내 마음의 고향이 되어 버렸다. 그리고 그 고향이 늘 나를 기다리고 있는 듯 느끼며 살았다.

중학교를 마치고 5~6년이나 되는 젊은 시절을 섬나라 일본의 수도에서 보냈다. 정들었던 산촌을 떠난 탓도 있겠지만 부모, 친척, 형제들을 고스란히 남겨 두고 떠나왔기에 처음 얼마 동안은 집 생각에 어찌할 바를 몰랐다.

비로소 진달래 피고 뻐꾸기 우는 산촌이 고향이라는 이름을 가지고 확연히 떠오르게 되었다. 거기에는 어머니의 얼굴, 동생들의 발자취, 마을 벗들의 지껄임, 시골 처녀들의 물동이 인 모습 같은 것들이 산과 냇물, 안개와 소나무, 바위들과 한가지로 엉키어 고향이라는 정황을 가지고 나타났다.

나는 서슴지 않고, 또 극히 자연스럽게 이런 것들이 머물고 있는 마을을 내 고향이라 불렀고 또 믿었다. 내 마음은 항상 나를 기다리고 있던 고향을 향하고 있었다.

나는 그때 이렇게 떠나 있어야 고향이 고향으로 나타난다면 칸트 같은 철인은 일생을 한곳에서 나서 자라고 또 거기서 죽었으니 고향이 그립다는 느낌 같은 것은 경험하지 못했을 거라고 생각했다.

반면 독일의 자연과 말, 잃어버린 어린 시절의 분위기를 늘 그리워하다가 섬나라의 나그네로 일생을 마친 쾨베르 박사의 심정을 깊이 공감했다.

그 시기를 전후해서 세계적인 작가였던 헤르만 헤세의 작품들을 읽으면서 어딘가 깊은 향수에 잠겼다. 그의 글을 통해 모든 인간은 잃어버린, 그리고 어딘가에 있을 고향을 찾아 헤매는 순례의 일생을 살지 않을까 느꼈기 때문이다.

몇 해 동안 철학에 묻혀 지낼 때는 철학과 더불어 내 고향은 먼 옛날 아테네에 있는 것 같았다. 플라톤의 아카데미 학원, 아리스토텔레스가 제자들과 더불어 거닐며 우주와 인생을 논했던 숲이 모든 인류의 지성의 고향이 아닌가 싶었기 때문이다.

내가 이런 얘기를 했을 때, 신약과 예수의 생애를 전공한 친구가 자기의 고향은 갈릴리라고 말했다. 나는 그 친구가 뜻을 얻어 팔레스타인 북쪽에 있는 갈릴리 바다에 낚싯대를 드리우고 하룻밤을 새우며 정신적 고향을 찾는 축복을 누렸을까 생각해 본다.

··· 나를 나 되게 한
마음의 고향

학창 생활이 끝난 뒤 나는 그립던 고향을 찾았다. 나이 탓일까, 아니면 황폐해진 고향의 모습 탓일까? 그때는 이미 고향다운 무엇이 남아 있지 않았다. 더욱이 공산주의자들에게 모든 것이 짓밟혀 버리고 만 산촌은 내 마음에서 멀어진 지 오래다.

다시 10여 년이 흘렀다. 그러는 동안에 나는 완전히 고향을 잃었나 싶은 생각에 빠져들곤 한다. 오히려 지금 내 품안에서 자라고 있는 어린것들에게 마음의 고향을 만들어 주고 있는 것이 아닐까 생각한다.

그러던 나에게 요사이 고향이 자꾸 떠오른다. 어디라고 지적할 수도 없고 어떤 곳이라고 말할 수도 없는 막연한 고향, 그러나 더 절실하게 그리워지는 고향이다. 내 삶이 고달프고 피곤할 때, 어쩐지 고독과 공허한 분위기에 사로잡힐 때, 얼굴에 하나둘 그어지는 주름과 귀 밑에 이따금 나타나는 흰 터럭을 발견하게 될 때 더 한층 안식과 위로와 정적이 그리워진다.

가을이 되면 따뜻한 남쪽 나라를 그리워하는 철새들처럼 단풍을 보고 낙엽을 밟는 계절이면 더 한층 마음의 고향이 그리워지는 것 같다. 지금까지는 고향이 뒤에 있는 것만 같았는데 요사이는 어딘지 모를 고향이 앞에 있는 것같이 생각된다. 그럴 때면 다시 한번 내 자신에게 묻는다. "고향이 무엇인가? 고향이 어디인가?"라고. 확실하지는 않으나 나대로의 작은 해답을 줄 수밖에 없다.

고향이란 잃어버린 추억보다 더 고귀한 것을 간직하며 기다리는 마음의 피안(彼岸)이 아닐까?

고향이란 삶의 피곤을 씻어 주고 공허로 끌려가는 삶을 구출해 주는 그 어떤 항구가 아닐까?

고향이란 자신이 쉬고 잠들고 싶은 마음의 안식처이자 사랑의 고장이 아닐까?

고향이란 나로 하여금 나 되게 한 그 실재로 돌아가고자 하는 마음의 목적지가 아닐까?

인간은 왜 고향을 잃었는지 모른다. 그러나 왜 고향을 못 찾는지는 더 알 수 없다.

진리라는 이름의 별

··· 이성의 장대로
진리의 별 따기

나는 어린 시절 농촌에서 자랐다. 여름이면 저녁을 먹고 으레 모기를 쫓느라 쑥불을 피웠는데, 불어오는 가벼운 바람에 구수한 쑥 연기가 향취를 풍겨 오면 모기는 풀숲으로 자취를 감췄다. 초가을 밤하늘이 얼마나 아름다웠는지 모른다. 여기저기서 반딧불 쫓는 아이들의 떠드는 소리가 정겹게 들려왔다.

나는 자리에 누운 채 하늘에 무수히 반짝이는 별들을 창문 너머로 오랫동안 바라보았다. 종일을 바쁘게 보낸 어머니는 피곤했는지 곧 잠들어 버리셨다. 아무리 세고 세어도 끝없이 많은 별이 하늘에 은모래처럼 깔려 있었다.

나는 저 놈의 별을 한 개만 따 가졌으면 하고 생각했다. 긴 장대를 들고 발뒤꿈치를 힘껏 올리면 한 개쯤은 딸 수 있을 것 같았다. 그러나 아버지의 말씀은 어림도 없다는 것이었다. 장대를 들고 지붕에 올라가면 어떠냐고 물었다. 그러나 누나는 안 될 것이라고 얘기했다. 저 대보산 꼭대기는 높아서 밤에 올라갈 수 없으니 할 수 없지만, 거기만 올라가면 별을 딸 수 있을 것처럼 믿어졌다. 두 살 위의 누나는 "글쎄"라고 동감하는 듯했지만 아버지는 여전히 안 된다고 하셨다.

그러나 나는 아버지의 말을 그대로 믿지 않았다. 누가 저 높은 산꼭대기에 올라가서 별을 따 봤겠는가. 따 보지도 않고 안 된다는 건 말이 안 되기 때문이다. 오히려 긴 장대를 들고 산에 올라만 가면 별 하나쯤은 딸 수 있으리라 생각했다.

오랜 세월이 흐른 것도 아니다. 나는 언젠가부터 장대를 가지고는 별을 딸 수 없다는 사실을 믿게 되고야 말았다. 중년의 나이가 된 지금 그런 생각을 할 리는 만무하다.

그러나 유사한 일이 인류의 역사에도 있었다. 먼 옛날 그리스의 철학자들은 신화나 미신의 연기를 제거해 버리면 진리의 별을 딸 수 있을 거라고 믿었다. 탈레스가 우주의 원질(原質)을 물이라고 말했고, 피타고라스가 이 세계는 수(數)의 신비로 풀릴 줄 믿었던 때가 그때였다. 그러나 세월은 그대로 흘렀다. 1천 년을 10년으로 계산한다 해도 오늘의 인류는 장년기가 훨씬 넘은 셈이다.

이제는 아무도 이성의 장대를 들고 진리의 별을 따려는 철없는 짓을 하지 않는다. 오히려 열정적인 시인 괴테가 상징한 대로 진리의 별은 그리워할수록 더욱 멀어지며, 아름다울수록 내 것으로 소유할 수 없는 존재가 되어 버린 것이다.

그러기에 현대인은 '절대'나 '영원'을 말하기에는 지나치게 피곤해지고 말았다. 절대는 옛날 철부지들의 얘기에 지나지 않으며 영원은 현실을 떠나서는 있을 곳이 없다고 본다. 그 대표적인 사람이 빌라도였다. 그는 그리스도에게 '진리가 무엇인가?'라고 물었다. 그러나 그 대답을 기다릴 여유도 없이 그대로 예수를 재판에 넘기며 현실로 돌아갔다. 마치 진리 같은 공염불보다 더 귀중한 일은 얼마든지 있다는 듯이….

현대인은 무척 지혜로워졌다. 그렇기 때문에 그들은 모험을 하지 않는다. 현대인은 훨씬 영리해졌다. 그렇기 때문에 그들은 불필요한 일을 하지 않는다.

파스칼은 인생을 도박이라고 했다. 1만 환을 대고 10만 환이나 100만 환을 따는 도박이 아니고, 일생을 걸고 영원을 따는 도박인 것이다. 그러나 오늘날은 누구도 이러한 도박을 하려고 하지 않는다. 자기의 일생을 잘 지키고 그대로 보전하다가 사라져 버리면 그만이지 위험을 자처할 필요가 없다고 생각한다. 오늘 같은 시대에 모험은 금물이라고 말한다. 모든 사람이 그것을 고귀한 금언으로 믿고 산다.

마찬가지로 영리한 사람들은 필요 없는 일을 해서는 안 된다고 여긴다. 최근 사상계에도 가장 영리한 학자들이 있었다. 영국의 공리주의 사상가들과 미국의 실용주의 사상가들이다. 전자는 가장 큰 행복이 선이라고 하고, 후자는 열매 많은 것이 곧 진리라고 정의한다. 참으로 값진 정신이다. 언제나 실제적이며 현실적이고 실용적이다. 그렇게만 산다면 손해도 있을 리 없고, 실패도 하지 않을 것이다. 돌다리도 두드려 보고 건너라는 선인들의 말씀 그대로다.

그러나 키르케고르는 아무리 주의하고 불필요한 일을 피해 가며 산다 해도 마침내는 허무이며 실망이고 절망인 것이 인생이라고 말한다. 영원한 것과 찰나의 시간을 비교하고, 유한과 무한을 겨누어 본다면 모든 것은 절망이며 허무라는 것이다. 인생의 모래시계가 다 흘러간 뒤, 많은 재산이 무슨 소용이 있으며, 높은 영광과 지위가 무슨 위안이 되겠는가! 그러기에 세상에서 가장 지혜로웠던 솔로몬은 누구보다 삶의 허무를 노래했고 생의 무상함을 고백했을지 모른다. 파스칼도 인간이 위대한 점은 인간의 비참을 아는 일에 있다고 말했다.

··· 영원에의 모험을
거부하는 현대인들

왜 가장 영리하고 지혜롭다고 자처하는 현대인에게 그들이 즐거워하지도 반기지도 않는 이런 얘기를 하는 것인가? 사람들이 모험을 하기에 지나치게 인색해졌고 영원을 바라보기에 지나치게 현실적이 되어 버렸기 때문이다. 그들의 입장에서 한 조각 부스러기 지식이라도 주워 가져야 교양이 되고, 지나가는 한순간이라도 즐길 줄 알아야 행복해지는데 무엇 때문에 모험을 하며 영원을 생각하겠는가.

가장 행복한 사람은 누구인가? 결혼을 하고 신혼여행을 떠나는 부부가 있다면 그들은 행복의 절정에 있을지도 모른다. 그러나 그들도 자기네 삶을 영원에 비교해 보고 오래지 않아 늙음과 죽음과 무덤이 기다린다는 것을 생각하면 모든 행복은 순식간에 슬픔과 비참으로 변해 버릴 것이다. 그렇기에 그들은 영원이나 무한이나 절대 같은 것을 생각하려 하지 않는다. 얼마나 지혜롭고 영리한가.

현대인이 이렇게 영리하고 지혜로워진 탓에 사상적으로도 상대주의·자연주의·물질주의로 돌아가 버리고 말았다. 과학과 기술, 조직과 제도, 이익과 편리 이외에는 구하는 것이 없어졌다.

그러나 이러한 세대에도 아주 신기한 한 마디 음성이 아직 남아 있다. "내가 곧 진리"라는 그리스도의 음성이다. 2천 년 전 그 당시에도 어리석은 말씀이었으니 오늘날 그 어리석음이 어떠하리라는 것은 다시 물을 필요도 없다. 그러나 그리스도의 '내가 곧 진리'라는 음성은 아직도 남아 있다. 마치 그것은 '왜 너희는 저렇게 빛나는 생명과 진리의 별을 따서 가지려 하지 않는가?'라고 묻는 듯 우리 귀에 들려온다.

그러면 이러한 그리스도의 진리는 왜 전해지지 않는가? 현대인에게 왜 받아들여지지 않는가? 어째서 현대인의 관심거리조차 안 되고 있는가? 이유는 간단하다. 현대인은 지나치게 지혜롭고 그리스도의 진리는 '영원을 위한 모험'을 통해서만 주어지기 때문이다.

'진주를 돼지 앞에 던지지 말라'는 말이 있다. 그리스도의 진리는 그대로 아무에게나 주어지는 것이 아니다. 한 번도 영원에 대해 물어보거나 찾아본 일이 없는 현대인에게 그리스도의 진리가 무슨 필요가 있겠는가. 자신의 온 생명과 지식과 재산과 정열을 기울여 영원을 차지하려는 진실한 도박을 한 번도 계획해 본 일이 없는 그들에게 어떻게 영원한 진리가 전해질 수 있겠는가.

그들의 지혜가, 그들의 영리함이 오히려 이 진리로 향한 길을 막아 버리고 만 것이다. 한 번도 위를 향해 눈길을 준 적이 없고 한 번도 영원이나 무한에 귀를 기울여 본 적이 없는 현대인에게 어떻게 그리스도의 진리가 그들의 것이 되겠는가. 지극히 당연하고 명백한 결과다. 기계와 생산품, 대중과 정당, 계급과 민주주의에 모든 신경과 주의를 집중하고 있는 현대인에게 어떻게 '내가 곧 진리'라는 말씀이 들릴 것인가.

그러나 과학과 기술의 수준이 높아졌고 지혜와 학문이 극도에 달한 지금이라도 '영원에의 모험'을 각오하는 사람이 있다면 그는 전 인류의 지혜로도 얻을 수 없는 진리라는 이름의 별을 소유할 수 있을 것이다. 그가 곧 "그리스도는 진리이시다"라고 고백하는 사람이다.

꿈 이야기

··· 삼팔선이
사라지는 꿈

어떤 모임에서 겨레의 앞날과 조국의 여러 근심스러운 일들에
대해 얘기를 나누고 돌아온 날 밤이었다.

동해 바다로 보이는 곳에 많은 겨레가 삼팔선을 가운데 두고 살
고 있었다. 그 지역은 마치 기다란 반도 모양이었고 높은 산맥이 바
다로 뻗어 있었다. 산맥의 꼭대기는 험악한 산지여서 아무도 살지
못하는 곳으로 되어 있었다.

얼마 뒤 큰 홍수가 나서 평야가 전부 물에 잠겨 버리고 말았다.
사람들은 할 수 없이 높은 산지로 피난을 갈 수밖에 없었다. 무수히
많은 사람이 이제는 바다의 작은 섬처럼 남겨진 높은 곳으로 모여
들었다. 주위에는 흉흉한 파도가 넘실거렸다.

그러나 얼마나 다행스러운 일인가. 평지에서는 삼팔선이 가로막혀 남북을 가르고 살았는데, 모두 생명을 걸고 피난 온 이곳 산지는 삼팔선도 공산도 민주도 없는 곳이 아닌가. 그립던 가족과 친구들이 서로 만나 격조했던 심정을 풀고 즐거움과 행복이 가득한 낙원이 된 것이다.

15년간이나 그리워했던 삶이 홍수로 말미암아 이루어진 것이 아닌가. 자연의 위력이 인간의 악함을 씻어 버렸고 홍수로 인한 불행마저 무력한 민족에게 축복을 준 것이 아닌가 싶었다. 모든 사람이 저마다 노래와 찬송과 감사를 올렸다.

그러나 그러는 사이에 홍수에 잠겼던 평지가 물이 빠짐과 동시에 다시 드러나기 시작했고 산밑의 넓은 들이 전과 같이 눈앞에 펼쳐졌다. 모든 사람이 환성을 질렀다.

"보라! 이제는 저 축복의 평야로 내려가 이전보다 더 행복과 영광을 누릴 것이 아닌가. 이제는 홍수가 삼팔선마저 지워 버렸다."

누군가가 외쳤다. 그러나 그 음성은 한 사람만의 목소리가 아니었다. 누구나 다 꼭 같은 심정이었기 때문이다. 피난민들은 모두가 이삿짐을 짊어지고 가족, 친척, 이웃들과 더불어 산 아래로 내려가려 했다.

그런데 바로 그때였다. 민족의 지도자라고 하는 몇몇 정치가들이 그 앞을 가로막았다.

"안 됩니다. 절대로 안 됩니다. 이남 사람은 이남으로 가고, 이북 사람은 다시 이북으로 가야 합니다. 삼팔선은 우리가 다시 만들어 줄 테니 그렇게 해서는 안 됩니다."

보따리를 짊어진 우리는 멀찌감치 서서 그가 누군지 바라다보았다. 외국인 같기도 하고 우리나라 지도자 같기도 했으나 누군지 분간할 수 없었다. 사람들은 마음으로부터 반대하고 있었으나 어느샌가 군대가 나타나고 경찰들이 몰려들어 시민증과 공민증을 검사하고 있었다. 사람들은 할 수 없이 다시금 슬픈 눈물의 이별을 하지 않을 수 없었다.

나는 무어라 고함을 지르고 싶었으나 도무지 목소리가 나오지 않았다. 옆에 있던 이북서 온 사촌동생의 옆구리를 꾹 찔러 나 대신 말 좀 하라고 눈짓했더니 동생은 용기를 내어 "자, 우리는 삼팔선이 있는 평지로 내려가기보다는 여기서 살기로 합시다"라고 고함을 질렀다. 그러자 두 경찰관이 나타나서 사촌동생의 공민증을 조사하기 시작했다. "이북 놈이군"이라고 하더니 그중의 이북 보안서원이 사촌동생을 잡아 끌고 가는 것이 아닌가. 끌려가면서 뒤를 돌아보는 사촌동생의 얼굴에는 '형님, 난 죽으러 갑니다. 하늘나라에서나 만납시다'라는 표정이 가득 차 있었다. 나는 슬퍼하며 오른손을 들어 푸른 하늘을 가리켰다.

사촌동생이 보이지 않게 된 뒤, 주위를 살펴보았다. 저 산밑으로는 피난 보따리를 둘러멘 꼭 같은 동족들이 삼팔선 남북으로 갈라져 줄을 지어 끌려가고 있는 것이 아닌가. 그대로 여기 머물고 싶다던 젊은이들은 쇠사슬에 묶여 뒤를 따르고 있었다.

그 장면을 내려다보면서 나는 하염없이 울었다. 실컷 울다가 울음소리에 깨고 나니 꿈이었다. 나는 길게 한숨을 쉬었다. 두 손으로 한참 동안 얼굴을 싸매고, 꿈의 남은 환영이 사라지기를 기다렸다. 다시 잠을 청했으나 좀체 잠이 오지 않았다.

··· 자연은 지구에 줄을 그은 일이 없다

프랑스의 상념가 파스칼은 "그는 강 건너편에 살고 있었다"라는 말을 했다. 갑이 을을 몽둥이로 때려죽이고 있다. 을이 "너는 왜 나를 아무 이유도 없이 때려죽이는가?"라고 물었다. 그에 대해 갑이 다음과 같이 대답했다.

"네가 만일 강 이편에 살고 있었더라면 나는 너를 죽이는 것이 악이며 살인죄가 된다. 그러나 너는 강 저편에 살고 있기 때문에 내가 너를 죽이면 나는 용사가 되고 애국자가 되는 것이다. 그래서 나는 너를 죽이는 것이다."

그렇다면 도대체 그 강이란 무엇인가? 정치가 말하는 정의의 선(線)이다. 옛날부터 그 강은 국경선이었고 오늘날 삼팔선이 하나 더 추가된 것이다.

정의의 기준이 어디에 있는가? 모스크바에 사는가, 워싱턴에 사는가에 있다. 평양에 사는가, 서울에 사는가에 있다.

자연은 아직까지 한 번도 지구에 줄을 그은 일이 없다. 오히려 인간이 만든 줄들을 여러 차례 지워 주었을 뿐이다. 그러나 인간은 평생토록 줄을 긋고 있다. 마치 그것이 인생의 목적이기나 한 듯이!

"이처럼 인간이 그어 놓은 선들이 없는 곳이 존재하기 위해서라도 내세는 있어야 해!"라고 중얼거리는 내 눈에서 눈물이 흘러 떨어졌다. 지금은 생사를 알지 못하는 부친의 얼굴이 나타났고, 그렇게 남쪽 하늘을 우러러보면서 죽음의 길을 택해야 했던 동생들의 모습이 눈에 아른거렸기 때문이다. 그러나 지금은 꿈이 아니다.

생의 순화

··· 불필요한 일에
소모되는 생활

중학교 시절《단순 생활》이라는 어떤 프랑스 작가의 작품을 읽은 적이 있다. 책은 외교관이었던 젊은 주인공이 결혼식을 치르는 장면으로 시작되었다. 많은 손님이 모여들고, 갈피를 잡을 수 없는 일들이 계속해서 일어난다. 작품 속에서 주인공은 괴로운 고백을 한다.

"도대체 누구를 위한 결혼식인가? 몸과 마음은 끝없이 피곤해지고 사랑하는 아내와 고요히 피곤을 풀 짬도 없이 손님을 대하고 인사를 나누며 초청에 응해야 한다. 내 일생에 가장 귀중한 행사를 이렇게 보낸다면 결국 인생이란 남에게 봉사도 못하고 스스로를 위한 건설도 못하고 마는 것이 아닌가. 공연한 형식과 전통에 우리의 귀중한 시간을 다 소모하고 만다면 마침내 무엇이 남을 것인가.”

아직 어렸던 나는, 자신을 둘러싸고 일어나는 불필요한 일들 때문에 고전하고 있는 주인공을 동정하고 싶었다.

몇 해 전의 일이다. 우리 민족으로서는 잊을 수 없는 은인 중의 한 사람인 맥아더 장군이 근 20년 만에 고국으로 돌아갔다. 미국 시민들의 환영은 대단했다.

그 뒤 어떤 애국부인회 연합기관에서 맥아더 장군의 강연을 듣기 위해 그를 초청했다. 수천 명 부인들이 승전한 장군의 연설을 기다렸다. 그러나 그들 앞에 나타난 늙은 장군은, “여러분을 위하여 우리나라의 젊은이들이 많은 피와 생명을 바쳤다는 사실을 다시 한번 기억해 주기 바란다”는 불과 몇 마디 말만 하고 자리를 떠났다.

그 뒤 그는 트루먼 정부를 비난하면서 “왜 이렇게 미국 시민들의 생활이 복잡해지고 불필요한 행사와 습성에 사로잡혀 버렸는가”라고 한탄하기도 했다. 군인이었던 그는 세계에서 가장 실용주의적이라는 평을 받고 있는 미국 부인들의 옷차림, 대화, 불필요한 행사, 일을 만들기 위해 쓸데없이 정력을 낭비하고 있는 모습에 적지 않은 불만을 느꼈던 것이다. 참으로 인간이란 안 해도 좋은 일, 심지어는 하지 말아야 할 일을 얼마나 열심히 하고 있는지 모른다.

나는 요사이 보잘것없는 나 자신의 생활 환경을 살펴보며 때때로 이상한 생각이 들 때가 있다. 무척 많은 회합에 초청을 받고, 거의 매일같이 강의나 원고 청탁이 들어온다. 이따금 찾아오는 손님들도 적지 않은 시간을 빼앗아 간다. 더욱이 요사이는 사교를 위한 사교, 모임을 위한 모임이 무척 많아지고 있다. 환영회, 송별회, 좌담회, 무슨 그룹, 무슨 파티…. 일일이 그 이름을 헤아릴 수 없을 정도다.

옛날에는 오랜 전통을 자랑하는 가문의 귀족들이 먹고 할 일이 없어 일부러 만들어 냈던 일들을 오늘날에는 누구나가 흉내를 내고 있다. 만일 이 모든 행사에 빠짐없이 참석해야 한다면 생활은 어떻게 될 것인가. 많은 시간을 길 위에서 소비하고 정신력은 사람을 대하는 일에 다 소모해 버려야 할 것이다.

이런 불필요한 일들은, 적어도 오늘 우리 사회에서는 지위가 높아질수록, 유명해질수록 더 심각해진다. 내가 잘 아는 어떤 전직 장관은 "…장관이라는 일이 그저 사람을 만나는 일이에요. 어떤 때는 하도 피곤해서 병을 핑계로 쉬기라도 하지 않으면 견뎌 내지를 못합니다"라고 괴로운 고백을 했다. 사람을 만나고 대하는 일에 온 신경을 집중하는 것이 얼마나 힘든 일인지 짐작할 만했다. 도대체 우리 사회에서는 유명해진다는 것 자체가 커다란 과오의 발단이다.

재작년 여름, 모 지방 대학교의 총장이 둘러앉은 손님들에게 이런 말을 한 적이 있었다.

"…우리나라에서는 유명해졌다는 간판이 붙으면 그는 벌써 민족과 국가를 위하여 영구한 업적은 남기지 못하게 되고 맙니다. 자기 자신이 정신적 손상을 받게 될 뿐만 아니라 사회가 그대로 두지 않는데 어떻게 합니까. 그러니까 '유명'이라는 레테르가 붙기 전에 자기를 조심스레 숨기며 고요히 뒤로 물러설 줄 아는 사람이라야 오랫동안 문화와 사상의 공로자로 남을 것입니다….”

나는 그 말을 퍽 뜻깊게 들었다. 그리고 정신 생활과 학문을 연구하는 나로서는 확실히 그와 동감임을 인정하지 않을 수 없었다. 어떻게 생각하면 이와 같이 잘못된 사회 현상은 하나의 시대적 폐풍(弊風) 같기도 하다.

··· 더욱 가치 있는
일을 택하는 삶

우리는 자주 서양 귀족들의 생활이 그려진 소설을 읽는다. 거기에는 마치 무도회를 개최하기 위해 사는 것 같은 사람들, 어떻게 옷을 입어야 더 돋보일지에 삶의 모든 힘을 기울이고 사는 여자들, 어떻게 춤을 추어야 상대방의 환심을 사는지에 모든 주의를 집중시키고 사는 젊은이들, 그것마저도 권태로워지면 1년의 태반을 스위스나 바닷가에서 휴양을 해야 하는 부류의 사람들이 등장한다. 사냥과 말 타기, 권총 쏘기와 여성들을 기쁘게 하는 일을 인생의 목적인 듯 여기며 살고 있는 사람들이다.

비록 성격과 내용은 다르지만, 지난 시대의 이러한 생활 풍조가 오늘날 우리 사회에 스며들고 있다. 이것은 염려스러운 일이며 내일을 위해 삼가지 않으면 안 된다. 더욱이 모이기 위한 모임, 행사를 위한 행사가 정말 필요한지 다시 한번 점검해 볼 필요가 있다. 그런 일들이 계속되는 동안, 경건해야 할 정신적 과제들이 일시적인 심심풀이가 되며, 엄숙해야 할 사회적 의무가 한가로운 여흥처럼 취급되기 때문이다.

그렇다고 모든 오락이나 기분전환을 반대하는 것은 아니다. 레크리에이션은 어느 정도 필요하며 또 있어야 한다. 그러나 그것이 목적이 되어서는 안 된다. 건전한 사교와 모임은 인간관계의 발전과 향상에 도움을 가져온다. 그렇다고 그 자체에 비중을 두어서는 안 된다는 얘기다. 언제나 우리에게 중요한 것은 중용(中庸)이며, 보다 더 귀한 것은 더욱 가치 있는 일을 택하는 것이다.

그러나 여기서 삶의 순화를 말하는 것은 단순하고 간결한 생활 태도를 보여주고 싶은 목적만은 아니다. 또 그러한 생활이 먼저 자아의 삶의 순화로부터 온다는 것을 강조하기 위함도 아니다. 지금 우리가 느끼고 있는 현대인의 생활 모습이 그대로 오늘의 정신 상태이며 문화의 정황이기 때문에, 거기에도 깊은 해석과 철저한 혁신이 있어야 한다는 것이 삶의 순화가 가진 의미다.

오늘의 사회와 문화가 분열로 인해 사경(死境)을 헤매고 있음을 누구나 인정한다. 현재의 과제는 무엇보다 다양한 이념의 조화에 있다고 사람들은 외치고 있다. 그리고 그것은 인류의 문제, 문화의 과제, 정신의 방향일 뿐만 아니라 오늘날 삶을 영위하고 있는 우리 각 사람의 문제이기도 하다.

'어떻게 사는가?'에 따르는 문제이며, '무엇이 진리인가?'에 밑바탕이 되는 문제다. 또 '무엇을 할 것인가?'에 대한 대답이며, '어떤 삶의 방향을 택할까?'에 지침이 되는 내용이다. 그리고 이 모든 문제는 분명 오늘 우리에게 요청되고 있는 과제다.

무엇이 그 해결을 가져올 수 있을까? 우선 경건한 삶의 순화로부터 출발하지 않으면 안 된다. 삶의 순화는 가치의 순화를 가져올 것이며, 가치와 의미는 존재 그 자체가 나아갈 길을 열어 줄 것이기 때문이다.

자유와 사랑의 변증법

··· 실연의 아픔으로
방황하는 친구를 보며

편집부를 통해 더위를 잊을 수 있는 방법에 대해 써달라는 청탁을 받은 지 오래되었다. 그러나 더위를 잊을 만한 체험을 해 본 일도 없고 별로 신통한 생각이 떠오르지도 않았다.

그야 경제적 조건만 충족된다면 무슨 방법으로라도 더위를 잊을 수 있겠지만 본래 그냥 참는 것 외에는 더위를 잊을 수 있는 방법을 모르는 나인지라 글을 쓸 자신마저 없어지고 말았다. 누가 더운 오후에 내 방에 찾아와 재미있는 이야기라도 해 준다면 잠시나마 더위를 잊을까 싶은 생각이 들었다. 고민 끝에 다음의 짧은 이야기를 읽는 동안이라도 더위를 잊을 수 있을까 싶어 펜을 들기로 한다.

어느 날 이른 오후, 나는 H군의 누이 동생으로부터 엽서를 받았다. 오빠 때문에 근심되는 일이 있으니 좀 와달라는 간단한 내용이었다. 여학교 2학년인 누이동생까지 염려할 정도라면 어떤 일일까 생각해 보았으나 도무지 짐작이 가지 않았다.

나는 H군을 퍽 사랑하고 존경했다. 지나치게 자주 만나는 것이 오히려 친구의 인격과 정신 향상에 해로울까 싶어 그리우면서도 한 달에 한두 번 정도 만나는 사이였다.

그래서 더욱 이상하고 수수께끼 같은 호기심이 생겼다. 내가 H군의 방문을 두드렸을 때는 오후 4시가 다 되었을 무렵이었다. H군은 방에 없었고 동생만 책상 앞에서 영어 숙제를 하느라고 땀을 흘리고 있었다. 동생은 나를 무척 반기며 옆에 있는 오빠의 방문을 열어젖히고는 앉기를 권했다. 그러나 H군의 방은 무척 변해 있었다. 쌓여 있던 책들은 옷방 안에 들어갔는지 보이지 않았고, 이부자리가 펴진 채 빈 책상 위에는 아직 손때가 묻지 않은 바이올린이 놓여 있었다. 그 옆에는 초보용인 듯한 악보가 하품하듯 펼쳐 있었다.

"오빠 바이올린이야?"

H군이 모든 점에서 우수한 친구이기는 하나 그가 음악을 한다는 것은 까마귀가 노래를 부르는 것처럼만 생각되었다. 그 점에서는 나와 큰 차이가 없음을 중학교 때부터 잘 알고 있었기 때문이다.

"벌써 5, 6일이나 지났어요. 바이올린을 시작한 지가…."

동생의 대답이었다.

"도대체 음악은 뭣 때문에 하는 걸까. 소질도 없는 친구가….."

"그러게 말이에요. 요새는 밥도 안 먹고 바이올린만 하는데, 밤새도록 삑삑 긋고는 새벽부터 또 시작해요. 그런데 가만히 들어 보니까 악보를 보는 것도 아니고 배우려고 하는 것 같지도 않아요. 그저 꼭 같은 소리만 밤낮으로 내고 있지 뭐예요. 그러다가는 미칠 것 같아요."

나는 심상치 않은 사연이 그 바이올린 속에 있는 것처럼 느껴졌다. 동생의 설명에 따르면 밥도 제대로 안 먹고 잠도 통 못 잔다는 것이다. 외출도 안 하고 아무도 만나지 않는다고도 했다.

"지금은 어디 갔는데?"

"곧 돌아올 거예요. 산책을 간 모양이지요."

약 20분쯤 지났을까. 친구가 현관문을 열고 들어섰다. 내 구두를 발견하고 "야! K형 아니야?" 소리를 지르며 방으로 올라왔다. 웃으면서 악수를 하는 H군의 얼굴이 퍽 야위어 보였다. 그런데 슬금슬금 내 시선을 피하는 것 같았다. 나는 한참 만에 말을 꺼냈다.

"웬일이야, 바이올린을 다 하고?"

H군은 빙그레 웃을 뿐 말이 없었다.

"소리가 나기는 하나?"

"소리를 내기 위해서 긋는 것은 아니야."

"그럼?"

"무엇인가를 잊어야 살겠는데 잊을 길이 있어야지. 그래 바이올린이라도 긋고 있노라면 잊을 수 있을까 했는데 잘 안 되는구면….”

그러면서 쓸쓸히 웃었다.

“그래서 하루에 24시간을 음악 공부로 보내고 있군.”

“동생이 그러던가? 참 큰일났네. 요새는 내가 생각해도 도무지 내 정신이 아니야. 이러다 어떻게 될까 봐 염려도 되네.”

“도대체 무슨 일인데?”

H군은 입가에 미소를 지을 뿐 가볍게 입술을 떨면서도 좀체로 입을 열지 않았다. 나는 무엇인가 심상치 않은 것을 느꼈으나 더 물을 수가 없었다. 말없이 창밖을 내다보고 있던 H군은 동생더러 좀 쉬고 들어오라고 내보낸 뒤에 다음과 같은 이야기를 했다.

H군은 또 다른 동창인 P군과도 무척 가까웠다. P군은 대학에 다니고 있는 여동생과 같이 자취를 하고 있었다. 우리보다 몇 배나 열정적이며 마음이 곧은 H군은 자주 P군 집에 드나들며 자기도 모르는 사이에 P군의 여동생을 사랑하게 되었다. 그의 감정과 정열은 둑을 열어 놓은 거센 물살처럼 스스로도 억제할 수 없이 흘러 쏟아지고야 말았다. 그러나 순진한 H군은 그 사랑을 자존심과 수치심 때문에 반년이나 자기 가슴속에만 묻어 두었다.

얼마의 세월이 지난 뒤 H군은 P군의 동생이 자기가 아닌 다른 남성을 그리고 있는 듯한 암시를 받게 되었다. 더 참을 수 없었던 H군은 마침내 그 여자에게 사랑을 고백하고 자기의 사랑을 받아 주기를 간청했다.

그러나 P군의 동생은 친절과 우의에는 조금도 변함이 없었으나 사랑의 문제에서는 '예스'도 '노'도 대답이 없었다. 그렇게 두 달이나 지났다. P군도 그 사실을 눈치 채고 자기 동생에게 H군의 인격과 장래성을 얘기해 보았으나 그녀는 자기대로의 생각을 지니고 있었다. H군의 정열은 그대로 머물 수가 없었다. 마침내 P군의 동생에게 더 이상 나를 괴롭히지 말고 '예스'든 '노'든 말하는 것이 옳지 않느냐고 따졌다. 그러자 그 여자의 대답은 간단했다.

　　"나는 H선생을 무척 존경합니다. 그러나 사랑을 받아들이는 데까지는 마음이 가지 못합니다."

　　그러나 H군은 자신의 사랑을 속일 수도 끊을 수도 없었다. 어느 날 H군은 우연히 영화관에 가서 쇼팽의 생애를 주제로 한 영화 〈이별의 왈츠〉를 보게 되었다. 쇼팽을 사랑하여 프랑스까지 찾아왔던 애인 마리아가 쇼팽이 다른 여인인 조르주 상드와 사랑하는 사이임을 확인하고 자신의 애정을 단념한 뒤 돌아가는 내용이었다.

　　며칠 뒤 H군은 의외의 사실을 발견했다. 사랑하고 있는 여자가 자기 이외의 다른 남성을 더 가까이 사귀고 있다는 사실이었다. 그리고 오빠인 P군도 그 사실을 어렴풋이 긍정하고 있었다. H군은 낙망했다. 그의 자존심이 그 자신을 저주하는 듯싶었고, 그의 정열이 자신의 모든 능력을 불사르는 것 같았다. 온종일 거리를 방황하던 H군은 바이올린을 사들고 밤늦게 집으로 돌아왔다는 것이다.

··· "사랑하는 사람의
자유에 어떻게 손을 대겠나"

나는 잊지 못하는 시간을 견딜 수 없었다는 친구의 심정을 짐작
할 수 있었다. H군의 얘기가 끝난 뒤 나는 별로 할 말이 없었다. 물
론 동정과 위로가 필요했지만, 그 외에 할 수 있는 것이 없었다.

"H형, 정 그렇다면 나는 그 동생에 관해서는 모르지만 P군에게
잘 얘기해서 그 동생이 H형의 인격이나 장래를 좀 더 이해하고 올
바른 판단을 하도록 기회를 주는 것이 좋지 않겠나? 또 그 일이라면
나도 좀 힘써 보지."

나는 진정한 마음에서 뜻을 전했다. 나는 그 여자가 사귀고 있
는 남성이 누군지 알 필요도 없었다. 나나 P군은 H군 이상의 남자
를 생각할 수 없었기 때문이다.

"어때? 내가 좀 도움이 되어 줄까?"라고 다시 물었다. 그러나 내
얼굴을 한참 바라보던 H군은 뜻밖의 대답을 했다.

"K형은 아직 사랑을 해본 일이 없구려. 사랑은 그런 것이 아닐
세. 내가 백 번 울더라도 사랑하는 사람의 자유에 어떻게 손을 대겠
나. 그 여자의 자유를 빼앗을 바에야 차라리 내가 실연해 괴로워하
는 편이 낫지! 자유를 부정하는 사랑이 진정한 사랑인가!"

나는 더 이상 할 말이 없었다. 확실히 나는 사랑을 모르고 있는
게 틀림없었다.

그날 저녁 집으로 돌아오면서 친구에게서 위대한 진리를 배웠음을 깨달았다. 자유와 사랑의 변증법이었다. 자유가 사랑이 될 수는 있으나 사랑이 자유가 되기는 어렵다는 것이었다. 이 둘이 조화를 이루지 못할 때 사랑은 자유를 위해서 끝없이 아픈 십자가를 지게 된다는 것이었다.

이 세계는 하나님의 사랑과 인간의 자유로 이루어져 있다고 생각한다. 인간은 스스로의 자유를 위하여 살고 하나님은 그 자유를 위하여 끝없이 사랑의 눈물을 흘리는 것이 우리의 역사인 것 같다.

어떤 사람은 왜 세상에 악이 있느냐고 묻는다. 그러나 생각해 보면 인간의 자유가 저지른 것밖의 또 무슨 악이 있겠는가. 또 어떤 사람은 하나님에게 왜 우리가 범죄하지 못하도록 우리를 붙들어 매지 않는가 묻는다. 그러나 하나님의 사랑이 우리를 목석으로 만들 수 없음을 우리는 깨닫지 못한다.

그렇기에 하나님은 백 번 울더라도 우리의 자유를 꺾지 않으신다. 독생자를 십자가에 못박히게 하고 채찍에 맞게 할지언정 우리의 자유를 속박하지는 않으신다.

인간의 자유 때문에 눈물을 흘리시는 하나님의 마음을 깨닫게 된다면 그 얼마나 영광스러운 일이 되겠는가. 그러기에 우리의 유일한 의무는 나의 자유를 하나님의 사랑에 굴복시키는 것뿐이다.

고독이라는 병

   ··· 생리적 고독과
정신적 고독

    사람들은 여러 가지 병을 가지고 있다. 의사가 취급하는 육체의 병도 그 한 종류일 것이며, 요사이 많이 논의되는 정신적인 질환도 두려운 병 중 한 가지일 것이다.

    어떻게 보면 과학이 발달할수록 육체의 병은 더 많이 발견되기 마련이며, 문화 수준과 더불어 정신적 병상도 더 세밀히 드러나게 되는 것이 인간사인지 모른다. 고혈압처럼 보이지 않는 병이 아주 건강체인 듯싶은 현대인의 고민거리가 되기도 하며, 자동차를 구경하러 10리씩이나 가야 했던 우리 어린 시절엔 상상도 못했던 신경정신병, 이를테면 '도시병'도 흔하다.

    이대로 50년이 더 지난다면 그때는 또 어떤 발견되지 못한 병들이 우리를 괴롭힐지 모를 일이다. 병의 원인을 눈에 보이는 것에서만 찾던 인간이 세균을 발견하게 되었고, 요사이는 잡음과 번민이 병의 원인이 되고 있으니, 먼 후일에는 어느 것 하나 병의 원인이 되지 않는 것이 없을 것 같다. 병을 심리학적으로 취급한다면 응당 그렇게 되기도 해야 할 것이다.

이렇게 본다면 여기에서 말하는 고독도 확실히 하나의 병이다. 청진기로 감지되고 육체적으로 드러나는 병은 아닐지 모르나 생리적이고 심리적인, 정신적인 병임에는 틀림이 없다. 요사이는 이 고독이라는 병이 더 깊은 인간학적 병이라는 생각이 든다. 인간이라는 존재성 깊숙이 숨겨져 있는 병이라는 이유에서다. 그래서 키르케고르가 절망을 '죽음에 이르는 병'이라고 진단하는 이유도 쉽게 수긍이 간다.

좋은 의사는 가장 건강한 사람에게서도 병을 발견하고 훌륭한 심리학자는 겉으로 보기에는 그지없이 평온한 정신적 상황에서도 심리적 질환을 발견하는 법이다. 그렇다면 좋은 철학자는 교만하고 자부심으로 가득 찬 현대인의 정신 상태 속에서 두려운 인간학적 질병들을 발견하는 것을 그들의 책무로 삼고 있는지도 모른다. 현대의 적지 않은 실존주의자들이 그 임무에 종사하고 있는 것 같기도 하다.

심각한 병은 건강한 사람의 생명을 빼앗는다. 마찬가지로 극심한 심리적 고통은 행복해야 할 일생을 불행과 저주의 생활로 떨어

뜨리기도 한다. 더 나아가 키르케고르가 말하는 불안이나 절망 같은 인간학적 병을 치유하지 못한다면 그로 인해 염세와 허무의 인생관과 세계관을 가지게 될 것이다. 그것이 얼마나 두려운 일인가를 잊어서는 안 된다. 병 중에 가장 두려운 병이 이러한 인간학적 질환임을 우리는 너무 오랫동안 깨닫지 못한 채 살아 왔다.

그런 의미에서 고독이라는 병도 일생 동안 우리를 얽매고 있는 무서운 병의 하나일 것 같다. 흔히 고독을 생리적인 고독으로 해석하는 경우가 많다. 부모가 없는 고아의 고독, 사랑의 대상을 가지지 못한 외로움, 슬하에 자녀들을 두지 못한 본능적인 적적함, 조국을 떠나 있으면서 느끼는 누를 수 없는 향수, 이 모두가 고독의 조건이기도 하며 언제든 우리에게 나타날 수 있는 현상이다.

··· 실존주의 사상가들의
위대한 고독

인간은 본래 사회적 동물이다. 사회적 동물은 남에게 보이기 위해 많은 일을 하게 마련이다. 파스칼이 "만일 우리 삶에서 남에게 보이기 위해 하는 일이 없었더라면 무슨 문화가 남았겠는가"라고 한 말은 주목할 만하다. 남에게 보이기 위하여 아름다운 옷으로 장식하는 여성에게만 해당하는 얘기가 아니다. 많은 학자가 보이고 나타내기 위해 작품을 남기고 저술을 하는 것을 우리는 잘 알고 있다. 이렇게 뿌리 깊은 사귐에 대한 삶의 본능이 제지당할 때 고독이 늘어나는 것이 만인의 사정이다.

그러기에 사람은 이러한 고독에서 벗어나기 위해 친구를 찾으며 애인을 만들어 거리로 나간다. 이러한 생리적인 고독은 무엇보다 다른 사람을 만나는 것으로 해소될 수 있는 가벼운 정신적 불만이기 때문이다.

그러나 여기에 아주 모순되는 현상이 나타난다. 인간의 육체적 생리는 홀로 있는 고독을 해소하기 위하여 타인과 사회를 찾아가지 않으면 안 되나, 반대로 인간의 정신은 홀로 있기를 원한다는 점이다. 자연인으로서의 고독과 정신인으로서의 고독의 커다란 질적 차이가 바로 여기에 있다.

자연인은 도저히 홀로 있지 못한다. 그 고독을 견뎌 내지 못하기 때문이다. 그와 반대로 정신인은 많은 시간과 생을 타인과 더불어 보내지 못하는 법이다. 군중과 사회 속에서 오히려 무서운 고독을 느끼는 것도 이 때문이다. 자연인은 군중이 없이는 아무것도 생산하지 못한다. 돈도 군중 속에서 벌어야 하고 정치도 사회 안에서 해야 한다. 모든 행복의 조건이 군중과 사회 속에서 우러나온다. 그러나 정신인은 그와 반대다.

아름다운 예술이 탄생하는 것도, 훌륭한 사상이 체계를 잡는 것도, 위대한 학문이 성립하는 것도 이러한 정신인의 고독한 창조에서 우러나온다. 범죄한 사람을 형무소에 가둔다는 것은 자연인에게는 무서운 처벌이 되는 반면, 정신인에게는 오히려 훌륭한 자기완성의 도장(道場)이 되기도 하는 이유가 여기에 있다.

이러한 이질적인 고독을 생리적 고독에 견주어 정신적 고독이라 불러서 좋을지 모르겠다. 그 대표적인 예로 위대한 사상과 정신의 소유자였던 키르케고르나 니체를 들면 좋을 것 같다. 그들의 위대함은 그들의 위대한 고독에 있었기 때문이다.

이렇게 본다면 인간의 일생이란, 생리적 고독을 해소하기 위해 사람들을 찾아가고, 정신적 고독을 풀기 위해 홀로 머물기를 원하며 이것인가 저것인가를 끝없이 되풀이하는 작업인지도 모른다. 시간 여유만 생기면 농촌 사람들은 도시를 찾고 도시 사람들은 농촌을 찾는 것도 그러한 현상이며, 육체적 피곤을 친구들과의 잡담에서 풀고, 정신적 권태를 독서나 사색으로 채우는 사람들도 이러한 고독감을 나타내는 현상일 것이다. 그러기에 현실인의 생활은 많은 사람과 접촉하는 데서 이루어지나 사색인의 생활은 군중을 떠나 홀로 머무는 데서 채워지는 법이다.

요사이 많은 사람이 사교와 교제를 위한 행사와 집회에 상당히 많은 시간을 할애한다. 그러나 지나친 편중은 우리의 정신생활에 공허를 가져오기 쉽다는 것을 잊어서는 안 된다. 사교적으로 지내는 것이 손해 볼 일도 아니고, 사회를 유능하게 이끌어 간다는 일이 얼마나 중요한지는 재언할 필요도 없다. 그러나 그 뒤에 찾아오는 정신적 공허와 사상적 결함을 깨닫지 못한다면 그것 역시 불행한 일이다.

위대한 자아란 정신적 고독을 극복하는 데서 완성된다. 그러나 진정한 의미의 고독은 위에서 말한 생리적인 것도 아니며, 정신적인 것만으로도 다 설명되지 못할 것 같다. 이성(異性) 문제의 고독은 애인을 가짐으로써 풀릴 수 있고, 정신적 고독은 예술이나 진리를 얻는 데서 적지 않이 해결될 수 있다. 그러기에 수많은 자연인이 사랑의 대상을 인간계에서 발견함으로써 그 고독의 병을 치료받았으며, 존경받는 정신인들이 스스로의 고독 속에서 위대한 정신적 유산을 남긴 것이 아닌가.

이러한 고독을 가리켜 병이라 한다면 그 치료는 그리 어렵지 않게 해결할 수 있는, 고칠 수 있는 병일지 모른다. 멘델스존은 연인을 잃었으나 우아한 멜로디를 얻었고, 평생을 고독 속에 보낸 괴테는 그 대가로《파우스트》를 얻었다. 이렇듯 우리에게 주어진 고독이 생리적이거나 단순히 정신적인 것이라면 일시적인 병처럼 어느 정도 해결할 수 있을지 모른다.

그러나 여기에 도저히 가볍게 취급할 수 없는 또 하나의 이질적인 고독이 있다. 나는 그것을 인간적인 고독 혹은 실존적인 고독이라 불러 보려 한다. 그 대표적인 예를 네팔의 황태자였던 석가에게서 쉽게 찾아볼 수 있을 것이다. 그의 고독은 결코 군중이나 사회로부터 해결받을 수 있는 생리적, 자연적인 것이 아니었다. 사교 파티를 몇 번씩 가진다 해도 해결될 고독이 아니었다.

그것은 아름다운 예술을 접하면 더 깊어지는 고독이며, 진실의 음성을 들으면 더 견딜 수 없어지는 고독이었을 것이다. 누가 그의 고독을 해결해 줄 수 있었을까?

그러나 이러한 고독은 정도의 차이는 있을지언정 누구에게나 있었다. 키르케고르에게도, 니체에게도, 하이데거에게도 나타났다. 그 고독은 타인을 통해 오는 것이 아니다. 깊은 정신적 공허에서 오는 것이기는 하나 단순한 자아반성에서 비롯되는 것도 아니다. 깊은 속병을 진찰하기 위해 엑스레이를 찍어 투시해 보듯이 이러한 실존적 고독은 무한 또는 영원을 바라보는 데서 오는 고독이다. 자아를 영원이나 무(無) 앞에 세워 놓고 시간이나 유한으로 자각할 때 뼈저리게 스며드는 고독인 것이다.

니체나 하이데거의 표현을 빌린다면 '고독'은 우리가 온 곳도 무(無), 가는 곳도 무, 머물 곳도 무인 것을 느끼는 자아 속에 깊이 깃들어 있는 것을 의미한다.

··· 하나님의 사랑이
고독을 치료한다

이러한 고독을 간직하지 않은 사람도 있을까? '그 고독은 내 병이 아니다'라고 장담할 수 있는 사람이 있을까? 아니 세상에 이러한 고독이라는 병에 걸리지 않은 사람이 한 사람이라도 있었을까? 죽을 때까지 병자라는 것을 모르는 사람은 있을지 모른다. 그것은 자기 자신의 불찰이다. 마찬가지로 한평생 이러한 인간적 고독을 느껴 보지 못한 사람이 있다면 그것은 자아가 어리석기 때문이다.

그렇다면 이렇게 우리의 인간성 깊숙이 뿌리를 두고 있는 고독의 해결책은 무엇인가? 허무로 향하는 자아의 고독, 무에 삼켜지고 마는 자아를 붙들어 보려고 허덕이는 서글픈 운명을 지난 자아의 고독을 누가 어떻게 해결할 수 있을까? 이 불치의 병을 누가 치료한 일이 있었는가?

고독의 반대는 사랑이다. 그러므로 사랑을 가장 필요로 하는 사람이 가장 깊은 고독을 느끼는 법이며 얻을 수 없는 사랑을 품은 이가 누구보다도 고독해지는 법이다. 인간을 사랑할 수 있는 사람은 그 인간을 통하여 고독을 잊을 수 있으며 미를 찬양할 수 있는 사람은 그 미를 통해 고독을 해소할 수 있다.

그러나 실존적인 고독을 느끼는 사람은 영원을 사랑하기 때문에 그 영원을 얻을 수 없는 한 언제나 고독 속에 살아야 한다. 누구도 알 수 없는, 아무도 표현할 수 없는 고독 속에 잠겨 살아야 한다. 그는 이러한 고독보다 차라리 죽음을 달라고 요청할지도 모른다. 그러나 사랑하는 사람은 죽을 수 없는 법이다. 영원을 사랑하는 사람은 영원히 고독해지기는 하나 그 사랑하는 영원 때문에 죽을 수는 없다. 이렇게 본다면 영원에의 고독은 죽을 수도 없는 고독일지도 모른다.

왜 이러한 영원을 사랑하게 되었는가? 아무도 모를 일이다. 오직 지혜롭고 참된 인간이 영원을 사랑하도록 만들어진 것만은 사실이다. 그러면 누가 이 영원의 사랑을 받는 사람인가? 역시 아무도 모른다. 비록 내 옆에 자리를 같이하고 있는 사람이라 해도 나는 그것을 알지 못한다.

고독의 병에서 고침을 받은 사람은 오직 하나님의 사랑을 받는 사람뿐이기 때문이다. 그리고 하나님에게서 영원을 받아 누리는 사람은 입을 열려 하지 않기 때문이다.

이 책이 새롭게 태어나도록 애써 준
비전과리더십과 아가페의 집 이종옥 이사장께 고마운 마음을 전한다.